ACADEMIC

KOREAN SPEAKING

Intermediate Level Ⅱ

QR code/MP3

대학 강의 수강을 위한

한국어 말하기

중급 Ⅱ

연세대학교 한국어학당 편

연세대학교 출판문화원

대학 강의 수강을 위한
한국어 말하기 (중급 Ⅱ)

편저자 연세대학교 한국어학당 교재편찬위원회
집필진 김미옥 · 민지숙 · 윤은미 · 이기성 · 김미정 · 최주리
펴낸곳 연세대학교 출판문화원

주소 서울시 서대문구 연세로 50
전화 02) 2123-3380~2
팩스 02) 2123-8673
ysup@yonsei.ac.kr
http://press.yonsei.ac.kr
등록 1955년 10월 13일 제9-60호
인쇄 화신문화(주)
삽화 문춘경 외
녹음 MS미디어
성우 윤미나 · 전광주

2012년 5월 25일 1판 1쇄 2025년 3월 21일 1판 11쇄
ISBN 978-89-7141-992-2 (08710)
978-89-7141-987-8 (세트)

값 10,000원

머리말

국내 최고의 명성으로 한국어 교육의 50년 전통을 이어 온 연세대학교 언어연구교육원 한국어학당에서는 한국어 교육의 질을 높이기 위해 그동안 많은 교재를 편찬해 왔다. 최근 한국 내 대학, 대학원에서 수학하고 있거나 진학하고자 하는 외국인이 증가함에 따라 학문을 목적으로 하는 한국어 교재에 대한 학습자들의 요구가 높아지고 있다. 이에 따라 연세대학교 언어연구교육원 한국어학당에서는 대학 수학을 목적으로 하는 외국인 유학생들을 대상으로 한국어와 한국 문화를 교육할 수 있는 새로운 교재를 출간하게 되었다.

연세대학교 언어연구교육원 한국어학당에서 출간하는 이 교재는 대학 생활에 필요한 의사소통 기능을 집중적으로 향상시킬 수 있는 『대학 생활을 위한 한국어』 시리즈와 대학에서의 수학 능력을 집중적으로 향상시킬 수 있는 『대학 강의 수강을 위한 한국어』 시리즈로 되어 있다. 『대학 생활을 위한 한국어』 시리즈는 초급 학습자를 위한 『대학 생활을 위한 한국어 초급』, 중급 학습자를 위한 『대학 생활을 위한 한국어 중급 Ⅰ』, 『대학 생활을 위한 한국어 중급 Ⅱ』로 되어 있으며, 『대학 강의 수강을 위한 한국어』 시리즈는 중급 학습자를 위한 『대학 강의 수강을 위한 한국어 중급 Ⅰ』, 『대학 강의 수강을 위한 한국어 중급 Ⅱ』 그리고 고급 학습자를 위한 『대학 강의 수강을 위한 한국어 고급』으로 되어 있다.

『대학 생활을 위한 한국어』 시리즈는 한국어 학습 단계별로 요구되는 내용을 주제로 말하기, 듣기, 쓰기 능력을 향상할 수 있도록 다양한 과제와 활동으로 구성된 분리형 교재이다. 그리고 『대학 강의 수강을 위한 한국어』 시리즈는 대학 수학에서 요구되는 기능과 장르를 중심으로 말하기, 듣기, 쓰기, 읽기 능력을 향상할 수 있도록 실용적인 과제와 활동으로 구성된 분리형 교재이다. 이들 교재에서는 학습자들이 흥미를 가질 수 있는 주제와 상황을 기초로 여러 가지 의사소통 기능 및 전략을 배울 수 있도록 배려하였다.

『대학 생활을 위한 한국어』와 『대학 강의 수강을 위한 한국어』가 연세대학교 언어연구교육원 한국어학당에서 공부하는 학생들뿐만 아니라 한국 내에서 대학, 대학원 수학을 목적으로 하고 있는 모든 한국어 학습자들에게 도움이 되기를 바란다.

연세대학교 언어연구교육원
한국어학당 교재편찬위원회

일러두기

- 『대학 강의 수강을 위한 한국어 말하기 중급 Ⅱ』는 강의 수강에 필요한 말하기 기능을 중심으로 총 10개의 단원을 구성하였으며 주로 발표와 토론에 필요한 기능들을 중심으로 말하기 능력을 함양시킬 수 있도록 내용을 구성하였다.
- 각 단원은 모두 [준비해 봅시다], [말해 봅시다], [정리해 봅시다]의 세 단계로 구성되었다.
- 각 단원의 첫 부분에 제목과 학습목표를 제시하였으며 교재의 맨 뒤에는 [준비해 봅시다]의 듣기 지문과 모범 답안을 제시하였다.

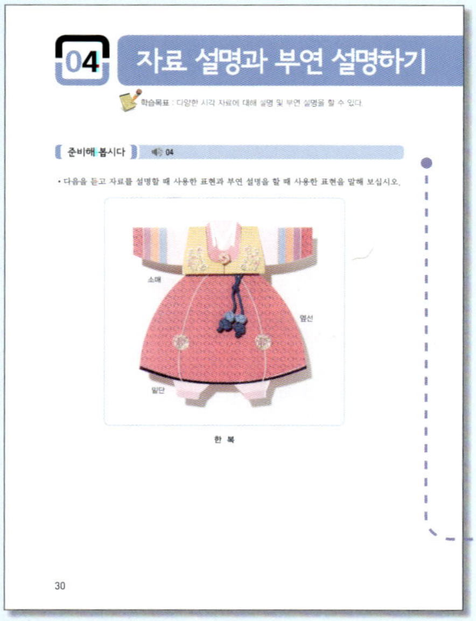
04 자료 설명과 부연 설명하기

학습목표 : 다양한 시각 자료에 대해 설명 및 부연 설명을 할 수 있다.

[준비해 봅시다] 04

• 다음을 듣고 자료를 설명할 때 사용한 표현과 부연 설명을 할 때 사용한 표현을 말해 보십시오.

한 복

30

준비해 봅시다

도입 단계로서 단원의 학습목표 기능에 대한 선지식을 불러일으킬 수 있는 말하기 또는 듣기 활동으로 구성하였다.

학습목표 기능에 대한 선지식을 불러일으킬 수 있는 준비 활동으로서 목표 기능의 표현을 유추할 수 있는 간단한 지문과 이를 확인하는 문제를 제시하였다.

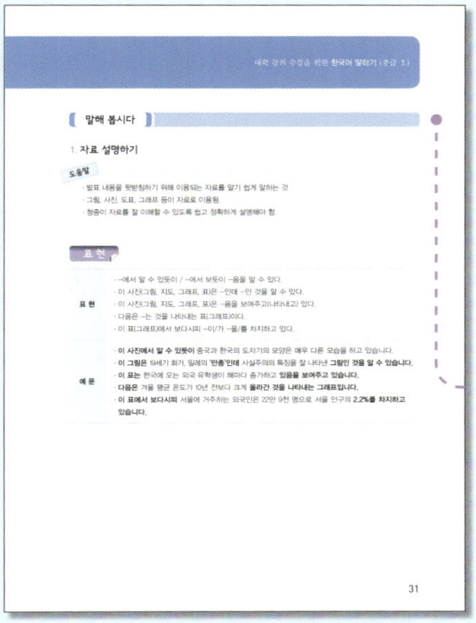

대학 강의 수강을 위한 한국어 말하기 (중급 Ⅱ)

말해 봅시다

1. 자료 설명하기

도움말

· 발표 내용을 뒷받침하기 위해 이용되는 자료를 알기 쉽게 말하는 것
· 그림, 사진, 도표, 그래프 등이 자료로 이용됨.
· 청중이 자료를 잘 이해할 수 있도록 쉽고 정확하게 설명해야 함.

표 현

표 현	· –에서 알 수 있듯이 / –에서 보듯이 –음을 알 수 있다. · 이 사진(그림, 지도, 그래프, 표)은 –인데 –인 것을 알 수 있다. · 이 사진(그림, 지도, 그래프, 표)은 –음을 보여주고(나타내고) 있다. · 다음은 –는 것을 나타내는 표(그래프)이다. · 이 표(그래프)에서 보다시피 –이/가 –을/를 차지하고 있다.
예 문	· **이 사진에서 알 수 있듯이** 중국과 한국의 도자기의 모양은 매우 다른 모습을 하고 있습니다. · **이 그림은** 19세기 화가, 밀레의 **'만종'인데** 사실주의의 특징을 잘 나타낸 **그림인 것을 알 수 있습니다.** · **이 표는** 한국에 오는 외국 유학생이 해마다 증가하고 **있음을 보여주고 있습니다.** · **다음은** 겨울 평균 온도가 10년 전보다 크게 **올라간 것을 나타내는 그래프입니다.** · **이 표에서 보다시피** 서울에 거주하는 외국인은 22만 9천 명으로 서울 인구의 **2.2%를 차지하고 있습니다.**

31

말해 봅시다

통제된 말하기에서 자유로운 말하기로 단계적으로 진행할 수 있도록 구성되었다.

- 각 단원의 목표 기능이 갖는 담화적 특징을 도움말로 제시하였다.
- 각 단원의 학습목표 기능에 필요한 표현과 각 표현이 문장 속에서 어떻게 구현되었는지를 예문을 통하여 제시하였다.
- 학습 목표 기능의 구성 요인을 분석하고 단계적으로 연습할 수 있도록 자료와 활동을 제시하였다.
- 과제를 통해 단계적으로 분리 연습한 것을 통합하여 길게 말할 수 있도록 자료와 활동을 제시하였다.

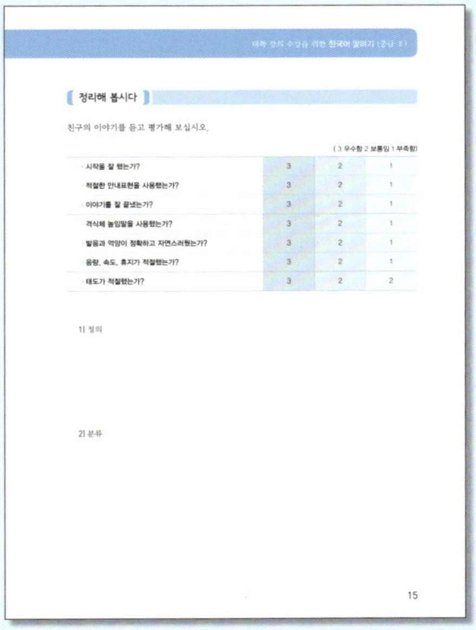

대학 강의 수강을 위한 한국어 말하기 (중급 Ⅱ)

정리해 봅시다

친구의 이야기를 듣고 평가해 보십시오.

(3 우수함 2 보통임 1 부족함)

· 시작을 잘 했는가?	3	2	1
· 적절한 안내표현을 사용했는가?	3	2	1
· 이야기를 잘 끝냈는가?	3	2	1
· 격식체 높임말을 사용했는가?	3	2	1
· 발음과 억양이 정확하고 자연스러웠는가?	3	2	1
· 음량, 속도, 휴지가 적절했는가?	3	2	1
· 태도가 적절했는가?	3	2	2

1) 정의

2) 분류

15

정리해 봅시다

단원의 목표 기능에 대한 지식 점검과 평가를 통해 말하기 활동을 정리하고 마무리하였다.

차례

- 머리말 3
- 일러두기 4
- 내용 구성 7

01 말하기의 기초 8

02 정의와 분류하기 16

03 설명 요청하기 및 의견 묻기 22

04 자료 설명과 부연 설명하기 30

05 요약 · 정리하여 말하기 38

06 비교 · 대조하여 말하기 44

07 동의 및 반박하기 50

08 논거 및 예시 들어 말하기 58

09 발표하기 68

10 토론하기 74

- 듣기 지문 82
- 모범 답안 84

내용 구성

과	제목	학습목표	담화 유형	과제
1	말하기의 기초	바른 억양과 발음, 정확한 문장으로 발표나 토론 등의 수업 상황에서 적절하고 효과적으로 말할 수 있다.	발표	제시된 주제로 3분 발표하기
2	정의와 분류하기	대상의 의미를 정의하고 기준에 따라 분류하여 말할 수 있다.	발표	자기 나라 전통 문화에 대해 정의와 분류 방법 사용하여 설명하기
3	설명 요청하기 및 의견 묻기	강의나 발표를 듣고 설명을 요청하거나 의견을 물을 수 있다.	발표	로봇 기술에 관한 강의를 듣고 설명 요청하고 의견 묻기
4	자료 설명과 부연 설명하기	다양한 시각 자료에 대해 설명 및 부연 설명을 할 수 있다.	발표	그래프 보고 한국의 국제결혼 실태에 대해 설명하기
5	요약 · 정리하여 말하기	발표나 토론을 할 때 자신의 의견을 정리하여 마무리할 수 있다.	발표	유전자 조작 기술에 대해 요약 정리하여 의견 말하기
6	비교 · 대조하여 말하기	비교하고 대조하여 유사점과 차이점에 대해 말할 수 있다.	발표	제시된 대상의 유사점과 차이점 설명하기
7	동의 및 반박하기	토론하는 과정에서 다른 사람의 의견을 듣고 동의와 반박을 할 수 있다.	토론	대기업의 횡포에 대해 동의 또는 반박하며 주장하기
8	논거 및 예시 들어 말하기	논거나 예시를 들어 자신의 주장을 뒷받침할 수 있다.	토론	개인의 자유와 사회의 규제에 대해 논거와 예시 들어 주장하기
9	발표하기	주제를 정해 조사한 내용을 발표할 수 있다.	발표	관심 있는 주제로 발표하기
10	토론하기	정해진 주제에 대해 찬성과 반대의 입장에서 토론할 수 있다.	토론	제시된 주제로 토론하기

01 말하기의 기초

학습목표 : 바른 억양과 발음, 정확한 문장으로 발표나 토론 등의 수업 상황에서 적절하게 그리고 효과적으로 말할 수 있다.

준비해 봅시다

1. 여러분은 어떤 강의나 발표가 지루하고 재미없었습니까? 또 어떤 강의가 재미있었습니까?

2. 좋은 발표의 조건에 대해 다음을 중심으로 이야기해 봅시다.

- 속도
- 태도
- 내용 전달 방법
- 발음
- 시작과 마무리

예) 발표하는 사람이 너무 빨리 말하거나 너무 느리게 말하지 않고 또 발표 시간을 잘 지켜야 합니다.

말해 봅시다

1. 이야기 진행

1) 이야기를 시작할 때

이야기를 할 때 시작은 매우 중요하다. 듣는 사람의 관심을 끌어 내용에 집중하고 잘 따라오도록 해야 한다. 또, 주제와 주요 내용을 간단하게 말해 줌으로써 듣는 사람들이 들을 준비를 잘 할 수 있도록 한다. 다음과 같이 발표를 시작할 수 있다.

ㄱ) 이야기하기 : 가벼운 에피소드로 시작한다.
ㄴ) 질문하기 : 듣는 사람들의 참여를 유도하기 위해 질문을 한다.
ㄷ) 인용하기 : 유명한 사람이 한 말, 영화의 대사 등을 인용한다.
ㄹ) 긴장감 조성하기 : 듣는 사람들의 호기심을 자극하거나 충격을 준다.
ㅁ) 동기 부여하기 : 말하려고 하는 내용이 듣는 사람과 관계가 있음을 말한다.

- 다음은 ㄱ)~ㅁ) 중에서 어느 것에 해당됩니까?

  ❶ 지난 화요일에 있었던 일입니다. 제가 수업이 끝나고 집에 돌아갔는데...
  ❷ 여러분 주위에는 암 환자가 적어도 한 명 정도는 있을 겁니다. 그만큼 암은 우리 가족에게 생길 수도 있는 흔한 병이 되었습니다.
  ❸ 우리가 한국의 근대 정치사에 대해 알면 한국의 현대 정치 문화에 대한 이해가 깊어지고 또 우리의 정치를 발전시키는 데에 도움이 될 겁니다.
  ❹ 여러분은 환경 문제를 다룬 〈불편한 진실〉이라는 영화를 보셨습니까?
  ❺ 흔히 아는 만큼 보인다고들 합니다.

- 다음의 주제에 대해 이야기할 때 어떻게 시작하겠습니까? ㄱ)~ㅁ)의 방법을 자유롭게 사용해 연습해 보십시오.

  ❶ 현대 한국 젊은이들의 패션 경향
  ❷ 대학 교육의 필요성
  ❸ 영화 산업에서 컴퓨터 기술의 역할
  ❹ 환경오염
  ❺ 유전공학과 인간복제

2) 본론을 이야기할 때

발표할 때 적절한 안내 표현을 사용한다. 안내 표현이란 내용과 내용을 연결할 때 사용하는 단어, 구, 문장 등을 말한다. 내용과 내용 간의 관계를 듣는 사람들에게 알려 주고, 듣는 사람들은 내용을 더 잘 따라갈 수 있게 한다.

ㄱ) 전환 표지 : 한 내용에서 다른 내용으로 넘어간다는 것을 알려 주는 말.
ㄴ) 내용 표지 : 지금 말하고 있는 내용이 전체에서 어디에 해당되는지, 중요한 내용이 무엇인지 알려 주는 말.
ㄷ) 중간 예고 : 세부적인 주제와 내용을 미리 알려 주는 말.
ㄹ) 중간 요약 : 말한 내용을 짧게 요약하는 말.

• 다음은 ㄱ)~ㄹ) 중에서 어느 것에 해당됩니까?

❶ 여기에서는 스트레스가 질병으로 나타나는 과정을 세 단계로 나누어 살펴볼 텐데 미리 간단히 말씀 드리면 1단계는 몸에 이상을 느끼는 경계반응기, 2단계는 몸이 저항하는 시기인 저항기, 3단계는 저항력이 떨어지고 신체적 정신적 질병이 나타나는 탈진기입니다.

❷ 지금은 계속 오염의 원인에 대해서 이야기하고 있는데요. 앞에서 살펴본 세 가지 원인에 이어서 이제 마지막 원인에 대해 말씀드리겠습니다.

❸ 그러면 이제부터는 지역별 김치에 대해 살펴보겠습니다.

❹ 지금까지의 내용을 간단히 정리하면 한류가 한국의 국가 이미지를 높이고 국가 경제 발전에도 도움이 되었다는 것입니다.

• 다음의 요약지를 가지고 발표를 할 때 (ㄱ)~(ㄷ)에 어떤 안내 표현을 사용하겠습니까?

한국의 발효 음식

1. 발효 음식의 역사

(ㄱ) 2. 발효 음식의 종류

1) 김치

2) 된장과 고추장

3) 젓갈 (ㄴ)

(ㄷ) 3. 발효 음식의 효능

4. 발효 음식의 미래

3) 이야기를 끝낼 때

이야기를 끝낼 때도 중요하다. 마지막이 기억에 잘 남기 때문이다. 마지막이 좋으면 앞에서 실수를 해도 좋은 인상을 남길 수 있다. 다음의 방법으로 발표를 끝낼 수 있다.

ㄱ) 지금까지의 이야기를 요약한다.

ㄴ) 이야기의 취지를 다시 한번 확인시킨다.

ㄷ) 주제에 관심이 있는 사람들을 위해 구체적인 정보를 주거나 더 깊이 알아볼 수 있는 기회를 준다.

• 다음은 ㄱ)~ㄷ) 중에서 어느 것에 해당됩니까?

❶ 한국의 문화 유산에 대해서 더 알고 싶으신 분은 문화체육관광부 홈페이지에 들어가 보시면 많은 도움을 받을 수 있을 겁니다.

❷ 지금까지 여러 가지 재활용 방법을 알아봤는데 결국 이것은 환경 보호를 위한 우리의 작은 실천이 될 것입니다. 여러분들에게도 실제적 도움이 되기 바랍니다.

❸ 지금까지 한국 IT기술의 발전 과정과 IT시장의 현황, 그리고 미래에 대해서 살펴보았습니다.

• 다음의 주제에 대해서 발표를 할 때 어떻게 끝내겠습니까? 연습해 보십시오.

❶ 외래어 표기법(국립국어원, www.korean.go.kr)

❷ 한국의 영화 산업과 한류

❸ 인터넷 중독의 예방 및 치료

2. 높임법

수업 중의 발표나 토론에서는 격식체 높임말을 쓴다. 발표지는 격식체 반말을 쓰거나 명사형 어미를 사용하는데 발표할 때는 이것을 자연스럽게 격식체 높임말로 바꿔 말한다.

• 다음의 발표지를 가지고 발표를 해 보십시오.

실제 교육현장

– 어휘교육은 아직 문법에 비해 덜 중시되는 경향을 보이고 있다.

– 실제 수업에서의 어휘교육의 문제

1. 어휘교육에 할당된 시간이 길지 않다.
   예) 하루 한 개의 대화문에서 다루는 어휘는 대개 4–5개.
2. 같이 쓰는 명사나 동사 등에 대한 정보가 충분하지 않다.

3. 발음과 억양

> 한국어 표준 발음으로 말한다. 자음, 모음을 정확히 발음하고 한국어의 발음규칙을 잘 지켜서 발음한다. 내용이 좋아도 발음이 안 좋으면 듣는 사람은 좋은 발표나 좋은 토론으로 생각하지 않는다.

• 다음을 읽어 보십시오.

1) 중모음 : 의사, 무늬, 외삼촌, 워낭
2) 평음, 격음, 경음 : 가치/까치, 사다/싸다, 타다/따다
3) 연음 : 간이, 말을, 빛이
4) 자음동화 : 국물, 한국말, 몇 명
5) 격음화 : 축하, 입학, 좋다
6) 경음화 : 학교, 듣고, 잡다, 몇 사람, 잠자리, 감다, 읽기
7) 구개음화 : 맏이, 해돋이, 밥솥이, 햇볕이
8) 일곱 끝소리 : 받침, 여덟, 앉다, 읽다
9) ㅎ소리 : 전화, 번호, 넣어
10) 유음화 : 신라, 난로, 편리, 달나라
11) 유성음화 : 기기, 고기, 바보
12) ㄴ첨가 : 깻잎, 신촌역, 나뭇잎

> 한국어의 표준 억양은 보통 문장 끝에서만 약간의 억양 변화가 있다. 서술문은 끝을 내린다. 의문사가 없으면 끝을 올리지만 의문사가 있으면 끝을 내리거나 끝을 살짝만 올린다.

• 다음을 읽어 보십시오.

1) 지금부터 한국 중소기업의 마케팅 전략에 대해서 발표를 시작하겠습니다.
2) 여러분, 발표지를 다 가지고 계십니까?
3) 이런 현상은 언제부터 시작되었을까요?

4. 음량, 속도, 휴지

강의실 크기, 학생의 수, 마이크 사용 등을 생각해서 목소리의 크기를 조절한다. 말하기의 속도가 너무 빠르면 따라가기가 힘들어서 듣는 사람들은 흥미를 잃게 되고 너무 느리면 지루해진다. 적절한 속도로 말해야 한다. 서론, 본론, 결론 사이, 그리고 단락과 단락 사이에서는 잠깐 쉬고 말을 한다.

• 다음을 읽어 보십시오.

태권도의 수련방법은 기본동작으로부터 품새 · 겨루기 · 격파 · 호신술 등으로 구분합니다. 기본동작은 태권도 기술의 기초를 이루는 손과 발을 이용한 역학적 요소를 지닌 기술로 주먹과 손날을 이용한 막기 · 지르기 · 찌르기 · 치기와 발을 이용한 차기를 선 자세에서 취하는 것입니다.

5. 태도

자신감을 가지고 말을 하되 예의를 지키고 듣는 사람들을 배려해야 한다.

ㄱ) 표정 : 자신 없는 표정이나 찡그린 얼굴을 하지 말고 자연스러운 표정을 짓는다.

ㄴ) 시선 : 발표지를 계속 읽어서는 안 된다. 듣는 사람과의 상호작용을 위해 듣는 사람을 봐 가면서 이야기한다. 한 사람만 쳐다보지 말고 골고루 쳐다보는 것이 좋다.

ㄷ) 자세 : 서서 말할 경우 가슴을 펴고 고개는 정면을 향한다. 앉아서 말할 경우 등과 허리를 구부리지 말고 반듯하게 펴고 고개는 정면을 향한다.

• 바른 표정, 시선, 자세를 가지고 자기소개를 해 보십시오.

01 말하기의 기초

과 제

다음 주제 중 하나를 골라서 개요를 메모한 후 3분 이내로 이야기해 보십시오.

[주제] 고향 소개, 장래 희망, 나의 취미, 고향 음식

[개 요]

정리해 봅시다

친구의 이야기를 듣고 평가해 보십시오.

(3 우수함 2 보통임 1 부족함)

• 시작을 잘 했는가?	3	2	1
• 적절한 안내표현을 사용했는가?	3	2	1
• 이야기를 잘 끝냈는가?	3	2	1
• 격식체 높임말을 사용했는가?	3	2	1
• 발음과 억양이 정확하고 자연스러웠는가?	3	2	1
• 음량, 속도, 휴지가 적절했는가?	3	2	1
• 태도가 적절했는가?	3	2	2

02 정의와 분류하기

학습목표 : 대상의 의미를 정의하고 기준에 따라 분류하여 말할 수 있다.

MP3/02

준비해 봅시다

- 다음을 듣고 와인의 정의와 분류를 써보십시오.

1) 정의

2) 분류

말해 봅시다

1. 정의하기

도움말

- 어떤 대상의 뜻을 풀어서 설명하는 방법
- 의미가 추상적이어서 사람마다 다른 생각이나 개념을 가질 수 있을 때, 말하는 사람끼리 개념이나 범위를 분명하게 정할 필요가 있을 때, 새로운 개념을 소개할 때 사용함.

표 현

표 현	• –은/는 –이다 • –은/는 –는 것이다 • –이란/란 –을/를 말한다(일컫는다/ 의미한다/지칭한다/뜻한다) • –이란/란 –는 것을 말한다
예 문	• **표준어는** 교양 있는 사람들이 널리 쓰는 현대 **서울말입니다.** • **광고는** 상품이나 서비스에 대한 정보를 여러 가지 매체를 통하여 소비자에게 널리 **알리는 것입니다.** • **알파걸이란** 능력이나 성품, 리더십 등 모든 면에서 남성에 비해 모자라지 않고 오히려 남성들의 능력을 넘어서는 엘리트 집단의 **여성들을 의미합니다.** • **노블레스 오블리주란** 사회적으로 상류층에 속하는 사람들이 사회를 위해 아무 대가를 바라지 않고 무엇인가를 사회에 **돌려주는 것을 말합니다.**

연 습

(보기)와 같이 다음 단어를 정의해 보십시오. 친구들의 정의와 비교해보고 어떻게 다른지 서로 이야기해 보십시오.

보기
- **명절**
  명절이란 전통적으로 해마다 일정하게 지켜 즐기는 날을 말합니다.

❶ 세계화

❷ 안락사

❸ 외계인

02 정의와 분류하기

2. 분류하기

도움말

- 여러 대상들을 일정한 기준이나 공통되는 성질에 따라 나누는 것
- 분류 대상들 사이에는 어떤 부분에서든지 같거나 비슷한 성격이 있어야 함.
- 분류를 할 때는 한 가지의 기준으로만 나누어야 함.
- 분류 대상들은 서로 겹치지 않아야 함.

표 현

표 현	• –에는 –과/와 –이/가 있다 • –은/는 –으로/로 나뉜다(구분된다, 분류된다) • –에 따라 • –은/는 다음의 –가지/–종류로 나누어 볼 수 있다. • 첫째, 둘째, 셋째…….
예 문	• **스트레스에는** 긍정적 **스트레스와** 부정적 **스트레스가 있습니다.** • **한글은** 자음과 **모음으로 나뉩니다.** • 악기는 **재질에 따라** 현악기와 타악기, 관악기, 건반악기로 나눌 수 있습니다. • **차는** 만드는 방법에 따라 **5가지 종류로 나누어 볼 수 있습니다.** • **첫째는** 녹차, **둘째** 발효차, **셋째** 발향차, **넷째** 미생물차, 그리고 **마지막으로** 기능성차입니다.

연 습

표에 있는 분류 기준을 보고 (보기)와 같이 분류해 설명해보십시오.

보기

	분류 기준	분류
운동	인원수	개인
		단체
	산소 필요 유무	유산소
		무산소

- 운동

운동은 여러 가지 기준으로 분류할 수 있습니다. 먼저 인원수에 따라 개인 운동과 단체 운동으로 분류할 수 있습니다. 또 산소의 필요 유무에 따라 두 가지 종류의 운동으로 나누어 볼 수 있는데요, 첫째는 유산소운동, 둘째는 무산소운동, 즉 근력운동입니다.

1) 동물

	분류 기준	분류	예
동 물	척추의 유무	척추동물	소, 물고기, 뱀, 새
		무척추동물	곤충, 지렁이, 불가사리
	식성	육식동물	사자, 호랑이
		채식동물	소, 양, 토끼
		잡식동물	돼지, 개, 고양이

2) 자동차

	분류 기준	분류	예
자동차	배기량	경차(~1000cc)	모닝, 마티즈
		소형차(1000~1500cc)	프라이드, 액센트
		중형차(1500~2000cc)	소나타, SM5
		대형차(2000cc이상)	에쿠우스, 엔터프라이즈
	용도	승용차	그랜저, 소나타
		승합차	밴
		화물차	트럭
		특수차	소방차

3) 문화재

	분류 기준	분류	예
문화재	형체의 유무	유형 문화재	불국사, 석굴암, 남대문
		무형 문화재	탈춤, 판소리, 공예기술
	국가 지정	국보	남대문, 훈민정음
		보물	동대문, 대동여지도
		사적	수원 화성, 경주 포석정
		명승	소금강, 낙산사
		천연기념물	용문사 은행나무, 진돗개

02 정의와 분류하기

과 제

자기 나라의 전통 문화에 대해, 또는 전통 문화 중 하나를 정해 정의와 분류의 방법을 사용하여 설명해 보십시오.

보기

제목 : 전통놀이

- 정의 : 민간에서 발생하여 오랫동안 민간에 전해 내려오는 놀이
- 분류 : **명절별 놀이**
  1) 정월 놀이(음력 1월 1일) : 연날리기, 윷놀이
  2) 대보름놀이(음력 1월 15일) : 쥐불놀이
  3) 단오놀이(음력 5월 5일) : 그네, 널뛰기, 씨름
  4) 한가위 놀이(음력 8월 15일) : 강강수월래

[주제] 전통 음식(만두, 국수 등), 전통 음악, 전통 무용, 전통 의상 등

[제목]

[정의]

[분류]

정리해 봅시다

친구들의 정의와 분류를 듣고 자신의 것과 비교해 차이점을 이야기해 보십시오.

03 설명 요청하기 및 의견 묻기

학습목표 : 강의나 발표를 듣고 설명을 요청하거나 의견을 물을 수 있다.

MP3/03

준비해 봅시다

• 다음을 듣고 교수님께 질문하고 싶은 것이 있으면 말해 보십시오.

말해 봅시다

1. 설명 요청하기

도움말

• 강의를 듣거나 다른 사람의 발표나 의견을 듣고 그 내용에 대해 더 깊은 이해를 위해 설명을 요청하는 것

표 현

표 현	• – 는지 궁금합니다. • – 에 대해서 좀 더 설명해 주시겠습니까? • – 는지 말씀해 주시면 좋겠습니다. • – 에 대해서 예를 들어주셨으면 합니다. • – 에 대해서 조금 더 구체적으로 듣고 싶습니다.
예 문	**(정치 권력에 대한 강의를 들은 후에)** • 아까 말씀하신 정치 권력 **이론에 대해서 좀 더 구체적으로 듣고 싶습니다.** • 권력과 권위의 **차이에 대해서 예를 좀 더 들어주셨으면 합니다.** • 홉스의 권력 **이론에 대해서 조금 더 설명해 주시겠습니까?** **(한국의 빌딩 건축에 대한 강의를 들은 후에)** • 한국에서는 사람들이 빌딩 디자인에 대해 어느 정도 관심을 가지고 **있는지 궁금합니다.** • 요즘 한국에서도 지진이 가끔 난다고 들었는데 고층 건물을 지을 때 그런 점에 어떻게 대비하고 **있는지 말씀해 주시면 좋겠습니다.**

연 습

강의, 발표 내용에 대해 (보기)와 같이 질문을 메모하고 설명 요청을 해 보십시오.

보기

강의 주제 : 한국어의 모음

한국어에는 8개의 단순 모음과 12개의 이중 모음이 있습니다. 단모음은 /ㅣ, ㅜ, ㅗ, ㅓ, ㅔ, ㅐ, ㅏ, ㅡ, ㅚ, ㅟ/ 인데요. 보통 서울의 젊은 사람들은 /ㅔ/와 /ㅐ/를 잘 구별하지 못합니다. 그리고 이중 모음은 /ㅑ, ㅕ, ㅛ, ㅖ, ㅒ, ㅘ, ㅝ, ㅞ, ㅙ/가 있습니다. /ㅚ/하고 /ㅟ/는 단모음으로 발음하기도 하고 이중 모음으로 발음하기도 합니다.

– 설명 요청을 위한 메모

- /ㅔ/와 /ㅐ/의 차이는?
- /ㅚ, ㅟ/를 단순 모음으로 발음하는 예는?
- /ㅗ/와 /ㅓ/를 구별하는 방법은?

- /ㅔ/와 /ㅐ/를 한국 사람들도 잘 구분하지 못한다고 말씀하셨는데 그러면 음성학적으로 어떤 차이가 있는지 말씀해 주시면 좋겠습니다.
- /ㅚ/와 /ㅟ/를 단모음으로 발음할 때의 예를 좀 들어주셨으면 합니다.
- 우리 일본 사람들은 /ㅗ/와 /ㅓ/를 구별하기가 좀 어려운데 어떻게 구별해야 하는지 궁금합니다.

1)

강의 주제 : 식습관과 성인병

우리나라 성인 네 명 중 한 명이 고혈압입니다. 최근에는 식생활 변화로 비만 아동이 많아지면서 아이들에게도 고혈압이 나타나고 있습니다. 이런 현상이 나타난 이유는 여러 가지가 있겠지만 가장 큰 이유는 아마 식생활의 변화일 겁니다. 식생활이 서구화 하면서 요즘 아이들은 과거에 비해 육류, 인스턴트 식품 소비가 크게 늘었습니다.

– 설명 요청을 위한 메모

- 어린이 고혈압과 성인 고혈압의 차이는?
- 고혈압을 예방하거나 혈압을 낮추기 위한 식습관은 무엇인가?
- ____________________
- ____________________

2)

발표 주제 : 한국의 텔레비전

텔레비전은 집에서 쉽게 누구나 시청할 수 있는 매체이기 때문에 사회에 미치는 영향이 아주 크다고 할 수 있지요. 하지만 그만큼 책임도 따르는데요. 특히 어린이나 청소년에게 미치는 영향을 생각해서 특히 두 가지를 중심으로 규제를 하는데 하나는 선정성이고 하나는 폭력성입니다. 한국에서는 방송통신심의위원회라는 기관이 이런 것들에 대한 판단을 합니다.

– 설명 요청을 위한 메모

- 구체적으로 어떻게 규제를 하나?
- 방송통신위원회는 규제의 기준을 어떻게 정하나?
- ____________________
- ____________________

3)

발표 주제 : 인간의 특성

인간의 특성을 이해하려는 연구 중에는 인간들이 어떤 행동을 하게 이끄는 동기에 대한 것도 있는데요. 동기란 뭡니까? 인간의 행동을 어떤 목표로 이끌어가는 마음의 상태입니다. 메슬로우는 인간 동기를 생리적 욕구에서 시작해 일곱 단계가 있다고 했습니다. 생리적 욕구가 충족되면 안전에 대한 욕구가 생기고 그 다음은 사랑과 소속에 대한 욕구, 자기 존중 욕구, 알고 이해하려는 욕구, 미적 욕구, 그리고 마지막으로 자아실현에 대한 욕구가 생긴다는 것입니다.

– 설명 요청을 위한 메모

- 사랑과 소속에 대한 욕구의 예는?
- 유명해지고 성공하고 싶은 욕구는 어디에 해당하나?
- ____________________
- ____________________

2. 의견 묻기

도움말

• 강의나 발표를 듣고 주제에 대한 교수나 발표자의 생각이나 의견을 묻는 것

표 현

표 현	• – 는지 여쭤보고 싶습니다. • – 에 대해서 어떻게 생각하시는지 궁금합니다. • – 에 대한 –의 의견을 듣고 싶습니다. • – 는다고 생각하시는지요. • – 에 대한 – 생각은 어떠신지요.
예 문	**(로봇 기술에 대한 강의를 들은 후에)** • 선생님께서는 인공지능로봇은 언제쯤 **개발될 거라고 생각하시는지요.** **(한류에 대한 발표를 들은 후에)** • 한류 현상의 **미래에 대한 발표자의 생각은 어떠신지요.** • 한류 현상의 **원인에 대한 선생님의 의견을 듣고 싶습니다.** **(한국의 종교에 대한 강의를 들은 후에)** • 선생님께서는 앞으로 한국의 불교가 어떻게 변할 거라고 **생각하시는지 여쭤 보고 싶습니다.** • 종교가 가끔 정치적인 문제에 공식적인 입장을 나타내는 경우가 있다고 하셨는데 선생님께서는 **이것에 대해서 어떻게 생각하시는지 궁금합니다.**

03 설명 요청하기 및 의견 묻기

연 습

강의, 발표 내용에 대해 (보기)와 같이 의견 묻기를 위한 메모를 하고 교수, 발표자의 의견을 물어 보십시오.

보기

발표 주제 : 여가 문화

정리하자면 서양에서는 일주일 40시간 근무제가 되기까지 200년 정도가 걸렸습니다만 한국에서는 50년밖에 걸리지 않았습니다. 이것은 결코 좋은 것이 아니라는 겁니다. 오랜 기간에 걸쳐서 여가 문화가 건강하고 자연스럽게 만들어진 서양에 비해서 한국은 갑자기 늘어난 여가 시간을 어떻게 보내야할지 모르는 경우가 많습니다. 여가 문화가 건강하게 안정적으로 자리를 잡아야 일도 제대로 할 수 있게 되고 사회와 국가 경쟁력이 강해진다는 것입니다.

– 의견 묻기를 위한 메모
- 건강한 여가 문화가 자리잡기까지 얼마나 걸리는 게 좋은가?
- 어떤 국가 지원이 필요할까?
- 여가 시간을 줄이고 근무 시간을 늘리면 경쟁력이 늘 거라고 생각하는데 발표자의 의견은?

↓

- 선생님께서는 한국에서 건강하고 바람직한 여가 문화가 자리를 잡기까지 어느 정도 걸리는 게 좋다고 생각하시는지 여쭤보고 싶습니다.
- 바람직한 여가 문화를 위해 어떤 국가 지원이 필요하다고 생각하시는지 선생님 의견을 듣고 싶습니다.
- 여가 시간을 줄이고 근무 시간을 늘리는 것도 국가 경쟁력을 높이는 한 방법이 될 거라고 생각하는데 선생님께서는 이것에 대해서 어떻게 생각하시는지 궁금합니다.

1)

강의 주제 : 줄기세포

줄기세포 연구가 활발합니다. 줄기세포는 인간의 여러 가지 병을 치료하는 데에 이용되지요. 특히 바이오기업들이 연구를 이끌고 있는데 요즘에는 알츠하이머, 파킨슨병 치료를 비롯해 치아 재생, 관절 재생까지 가능해졌다고 합니다. 줄기세포는 점점 더 다양한 분야에서 인간의 건강을 위해 이용될 것이라고 봅니다.

– 의견 묻기를 위한 메모

- 줄기세포 이용에 문제점은 없는가?
- 줄기세포로 많은 것이 가능해진다면 어디까지 허용해야 할까?
- ______
- ______

2)

강의 주제 : 외국어로서의 한국어 교육

한국어 학습자가 세계적으로 계속 늘면서 한국어를 가르치는 방법에 대한 연구도 활발합니다. 한국인에게 한국어를 가르치는 것과 외국인에게 한국어를 가르치는 것은 아주 다릅니다. 외국인 학생들은 보통 성인으로, 단순히 발음이나 문법 규칙, 또는 어휘를 가르치는 것이 아니라 의사소통능력을 가르쳐야 합니다. 따라서 외국인들에게 한국어를 가르칠 때는 한국어의 문법 규칙과 어휘뿐만 아니라 말하는 상황과 대화 상대에 따라 말하는 능력과 한국 문화에 대한 지식도 가르쳐야 합니다.

– 의견 묻기를 위한 메모

- 외국인 한국어 학습자가 계속 증가할까?
- 좋은 문화 교육 방법은?
- ______
- ______

3)

발표 주제 : 다문화 가정

한국 경제가 발전하면서 다문화 가정이 점점 많아지고 있지만 여러 가지 문제도 함께 발생하고 있습니다. 특히 다문화 가정 자녀들이 학교에서 불평등을 경험하거나 학업이 뒤떨어지면서 사회에서도 약자가 되기 쉽습니다. 이것은 사회 문제가 될 수 있습니다. 문제를 해결하려면 먼저 학교의 선생님들과 학생, 학부모들의 생각이 바뀌어야 합니다. 지금도 다문화 이해를 위한 교원 연수 프로그램이 있기는 하지만 아직 초기 단계입니다. 학교마다 다문화 담당 선생님을 두고 학교 생활뿐 아니라 가정 문제도 상담해 줄 수 있어야 하겠습니다.

– 의견 묻기를 위한 메모

- 문화 가정에 대한 사회적 인식이 쉽게 바뀔까?
- 어떤 법적 지원이 언제쯤 가능해질까?
- ______________________
- ______________________

과 제

강의 주제 : 로봇 기술

로봇이란 체코어 robota에서 왔는데 강제 노동을 의미하는 말이었습니다. 산업 분야에서는 로봇이 오래전부터 사용되어 왔지요. 그런데 유럽에서는 로봇이 자동생산에 주로 이용되지만 미국이나 일본에서는 사람 대신 힘들고 위험한 일을 해 주는 기계로 이용하는 것에 관심이 많습니다. 우리 가정에서도 로봇 청소기를 볼 수 있는데요. 특히 일본에서는 로봇 연구가 활발합니다. 일본의 춤추는 로봇을 봤는데 아주 정교하더군요. 로봇 기술은 병원에서도 활용분야가 많아지고 있는데요. 수술할 때뿐만 아니라 앞으로는 인공 장기의 역할을 할 날도 올 것 같습니다.

1) 옆 사람과 한 팀이 되어 위의 글을 보고 아래 표에 간단히 메모하십시오.

학 생	교 수
설명 요청하기 • •	설명 요청하기 • •
대답하기 • •	대답하기 • •

2) 한 사람은 교수, 한 사람은 학생이 되어서 역할 연습을 해 보십시오. 교수는 위의 글을 읽으십시오. 학생은 설명을 요청하고 의견을 물어보고 교수는 그에 대답해 보십시오.

정리해 봅시다

설명을 요청하거나 의견을 물을 때 친구들과 자신의 표현이 어떻게 달랐는지 비교해 보십시오.

04 자료 설명과 부연 설명하기

학습목표 : 다양한 시각 자료에 대해 설명 및 부연 설명을 할 수 있다.

MP3/04

준비해 봅시다

• 다음을 듣고 자료를 설명할 때 사용한 표현과 부연 설명을 할 때 사용한 표현을 말해 보십시오.

한 복

말해 봅시다

1. 자료 설명하기

도움말

- 발표 내용을 뒷받침하기 위해 이용되는 자료를 알기 쉽게 말하는 것
- 그림, 사진, 도표, 그래프 등이 자료로 이용됨.
- 청중이 자료를 잘 이해할 수 있도록 쉽고 정확하게 설명해야 함.

표 현

표 현	• –에서 알 수 있듯이 / –에서 보듯이 –음을 알 수 있다. • 이 사진(그림, 지도, 그래프, 표)은 –인데 –인 것을 알 수 있다. • 이 사진(그림, 지도, 그래프, 표)은 –음을 보여주고(나타내고) 있다. • 다음은 –는 것을 나타내는 표(그래프)이다. • 이 표(그래프)에서 보다시피 –이/가 –을/를 차지하고 있다.
예 문	• **이 사진에서 알 수 있듯이** 중국과 한국의 도자기의 모양은 매우 다른 모습을 하고 있습니다. • **이 그림은** 19세기 화가, 밀레의 **'만종'인데** 사실주의의 특징을 잘 나타낸 **그림인 것을 알 수 있습니다.** • **이 표는** 한국에 오는 외국 유학생이 해마다 증가하고 **있음을 보여주고 있습니다.** • **다음은** 겨울 평균 온도가 10년 전보다 크게 **올라간 것을 나타내는 그래프입니다.** • **이 표에서 보다시피** 서울에 거주하는 외국인은 22만 9천 명으로 서울 인구의 **2.2%를 차지하고 있습니다.**

04 자료 설명과 부연 설명하기

연 습

주어진 자료를 이용하여 (보기)와 말해 보십시오.

보기

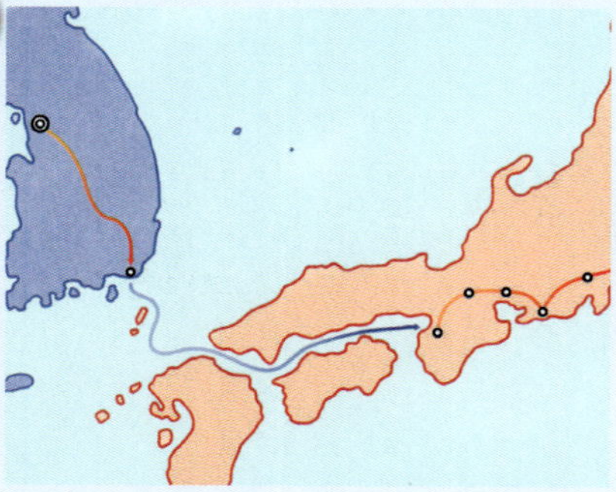

조선시대 일본을 방문한 조선시대 통신사들은 다음과 같은 경로를 이용했습니다.

⇨ 이 지도에서 알 수 있듯이 조선 시대 통신사들은 해로와 육로를 이용하여 일본을 방문했습니다.

1) 

지구온난화로 북극의 얼음이 녹으면서 북극의 동물들이 살 곳을 잃어버리고 있습니다.

⇨

2) 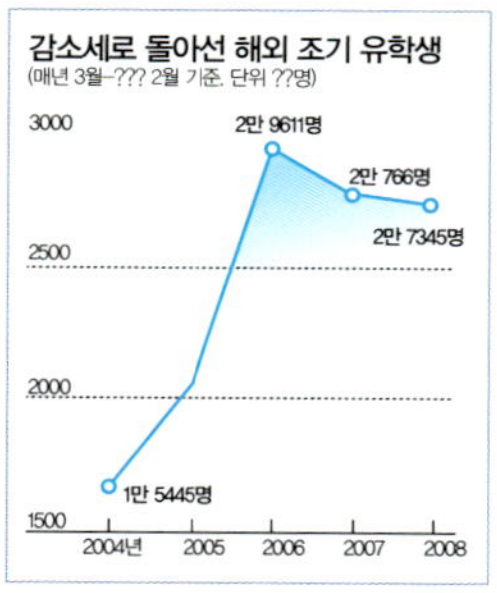

2006년까지 급격히 증가하던 조기유학생 숫자가 2년 연속 감소하고 있습니다.

⇨

3) 삼국시대 때 고구려, 백제, 신라, 각각의 문화는 다른 경로로 일본에 전해졌다고 합니다.

⇨

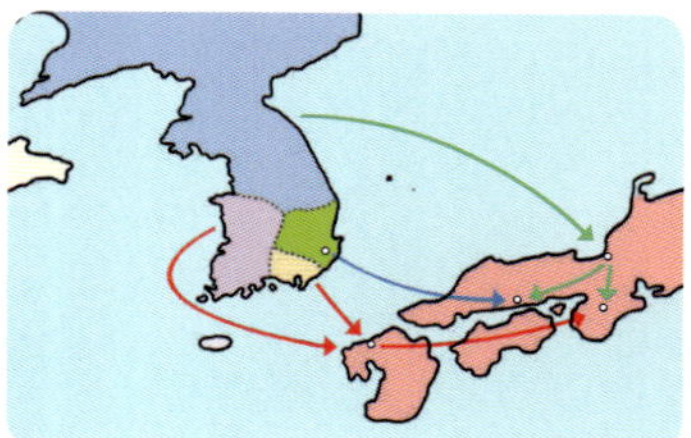

2. 부연 설명하기

도움말

- 발표 내용을 보충하기 위해 발표 시 말하지 못한 내용을 말하는 것
- 청중의 이해를 돕기 위한 추가적인 설명이나 예를 말하되 본 내용을 보충하는 정도의 내용이어야 함.

표 현

표 현	• 뿐만 아니라 • 덧붙여 말씀드리자면 • 앞에서 한 말에 조금(하나) 더 보충한다면 • –에 대해서 부연 설명을 하자면 • 다른 예를 들면
예 문	• 잠이 부족하면 일상생활에서 사고를 당할 확률이 높다고 합니다. **뿐만 아니라** 수면 부족은 비만의 원인이 되기도 합니다. • **덧붙여 말씀드리자면** 신사임당은 효성이 깊은 딸이었다고도 합니다. • **앞에서 한 말에 하나 더 보충한다면** 일회용품을 쓰지 않는 것도 우리가 생활에서 실천할 수 있는 방법입니다. • 한자의 **중요성에 대해서 부연 설명을 하자면** 한자는 세계화를 위해서도 꼭 필요한 수단이 될 거라는 겁니다. • **다른 예를 들면** 트위터라는 것도 새로운 소통수단 중의 하나로 자리 잡고 있습니다.

연 습

주어진 자료를 이용하여 (보기)와 말해 보십시오.

보기

앞의 내용		덧붙일 내용
현대 사회에서 쓰레기 문제가 심각해지고 있는 원인은 다음과 같다. 첫째, 경제적으로 여유 있는 생활로 생산과 소비가 증가했기 때문이다. 둘째, 일회용 물품의 증가를 그 원인으로 볼 수 있다.	+	쓰레기를 아무데나 버려도 된다는 의식도 쓰레기 문제의 원인이다.

⇨ 앞에서 한 말에 한 가지 더 보충한다면 쓰레기를 아무데나 버려도 된다는 의식도 쓰레기 문제의 또 다른 원인이라고 할 수 있습니다.

04 자료 설명과 부연 설명하기

1)

앞의 내용		덧붙일 내용
김치에 들어 있는 유산균은 장을 깨끗이 해 주어 대장암을 예방해 주고 비만, 고혈압이 생기는 것도 막아준다.	+	또한 김치는 다이어트에 도움을 주며 피부 미용에도 좋은 음식이다.

⇨

2)

앞의 내용		덧붙일 내용
동남아시아에 불고 있는 한류 열풍의 원인은 한국 문화가 그들과 비슷하기 때문이다.	+	한국 배우의 외모와 패션이 멋있다.

⇨

3)

앞의 내용		덧붙일 내용
장수의 비결은 식사습관에 있다는 조사 결과가 나왔다. 예를 들어 충청도의 장수 노인들은 식사 때 잡곡밥과 된장국을 주로 먹었다고 한다.	+	그밖에 다른 지역의 노인들은

⇨

과제

1. 아래 글에 대해 설명할 내용을 다음 표에 간단히 정리해 보십시오.

자료 설명하기	· ·
부연 설명하기	· ·

2. 자료 설명, 부연 설명을 넣어서 완성된 발표를 해 보십시오.

한국의 국제결혼 실태

한국 사회가 국제화 되면서 한국 사회는 매우 빠른 속도로 변화를 하고 있습니다. 그 중에서도 특히 빠르게 변하고 있는 것이 바로 결혼에 관한 것입니다. 전통 한국 사회에서는 쉽게 이해되지 못하던 국제결혼이 오늘날 한국 사회에서는 어렵지 않게 이루어지고 있습니다. 다음의 표는 이러한 현상을 보여주는 것입니다.

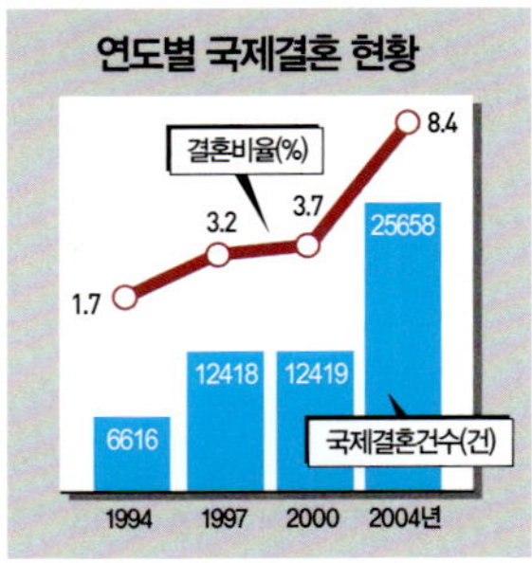

국제결혼의 증가 원인은 여러 가지가 있겠지만 가장 큰 원인은 농촌에 사는 남자들이 신부를 구하기 어려워 동남아 지역의 여성들과 결혼을 하는 비율이 높아졌기 때문이라고 보입니다. 이것은 한국의 일만이 아닙니다.

04 자료 설명과 부연 설명하기

정리해 봅시다

다른 사람의 발표를 듣고 자신의 발표와 설명하는 방식이 어떻게 다른지 말해 보십시오.

05 요약 · 정리하여 말하기

학습목표 : 발표나 토론을 할 때 자신의 의견을 정리하여 마무리 할 수 있다.

MP3/05

준비해 봅시다

다음을 듣고 질문에 대답하십시오.

1. 남자가 말한 내용을 요약해서 이야기해 보십시오.

2. 여자는 상대방의 이야기를 요약할 때 어떤 표현을 사용했습니까?

❶ 왜냐하면

❷ 그러면

❸ 결론적으로

❹ 하지만

말해 봅시다

도움말

- 긴 글의 내용을 간단하게 정리하는 것
- 발표할 때 마지막에 중심내용을 간단하게 정리하여 이야기하면 듣는 사람이 쉽게 이해할 수 있음.
- 토론을 할 때는 상대방의 말을 정리한 후 자신의 의견을 이야기 함.

1. 발표 요약 정리하기

표 현

표 현	• 요약하면 • 정리하자면 • 결론적으로
예 문	• **요약하면** 인터넷 실명제를 실시해야 한다고 생각합니다. • **정리하자면** 정보의 양보다 정보의 질이 중요하다는 것입니다. • **결론적으로** 지구 온난화를 막기 위한 대책을 빨리 마련해야 한다는 것입니다.

연 습

(보기)와 같이 요약 정리하여 이야기해 보십시오.

> **보기** 오늘날 컴퓨터가 인간 생활에 깊숙이 들어오고 유전자의 조작이 가능해질 만큼 과학이 발달했습니다. 과학의 발달은 인간을 위하여 존재하는 것입니다. 만약 인간 존중의 정신을 잃는다면 과학의 발전은 인간을 불행하게 만들 것입니다. 결론적으로 과학은 인권을 보호하고 인간 생명을 존중해야 한다는 것입니다.

1) 세계화 시대인 요즘에는 외래어 사용이 심각한 문제가 되고 있습니다. 고유어보다는 외래어나 외국어를 더 많이 사용하는 경우가 늘어나고 있습니다. 그 이유는 외래어를 사용하는 것이 '세계적'인 것으로 생각하는 사람이 많기 때문입니다. 그러나 언어는 한 사회의 가치관이나 문화를 담는 그릇입니다. 외국어를 잘 하는 사람이 많다고 해도 그들이 우리말로 그들의 생각을 표현할 수 없으면 우리나라의 문화는 발전하지 못할 것입니다.

정리하자면 ______________________________.

2)

정보화, 세계화 시대에 들어서면서 정보의 양이 많아지고 있습니다. 따라서 정보를 보다 많이 받아들여야 하는 것이 현대인의 과제가 되었습니다. 이를 위해서는 정보를 능동적으로 받아들이고, 잘 활용하는 것이 무엇보다도 중요합니다. 따라서 많은 양의 정보를 받아들이고 좋은 정보를 얻는 것도 중요하지만, 같은 정보를 가지고 있을 때 누가 더 그것을 활용할 수 있는가가 더 중요해집니다.

요약하면 ______________________________.
이상으로 발표를 마치겠습니다.

3)

저출산 문제를 해결하기 위해서는 그 원인을 알아보아야 합니다. 저출산 문제의 원인은 첫째, 여성의 임금이 낮기 때문입니다. 우리 나라의 여성은 남성보다 평균 38% 적은 임금을 받고 있습니다. 둘째, 가사노동의 부담이 크기 때문입니다. 맞벌이부부의 가사 노동시간은 남성은 24분, 여성은 2시간 38분이라고 합니다. 그리고 직장 보육시설이 부족한 것도 저출산의 원인입니다. 현재 직장 안에 보육시설이 있는 곳은 42%밖에 되지 않습니다.

➡ 결론적으로 ______________________________.

2. 토론 중 요약 정리하기

표 현

표 현	• 정리하자면 –는다는 말씀이지요? • –씨의 말씀은 –는다는 것이지요? • –씨의 말씀을 요약하자면 –는다는 것이지요?
예 문	• **정리하자면** 선생님은 체벌에 **반대한다는 말씀이지요?** • **한나 씨의 말씀은** 대중 사회에서는 인간의 개성이 사라지게 **된다는 것이죠?** • **영철 씨의 말씀을 요약하자면** 채식이 건강에 좋을 뿐만 아니라 지구의 환경을 지키는 데도 도움이 **된다는 것이지요?**

연 습

보기와 같이 요약 정리하여 이야기해 보십시오.

보기

가 : 저는 문제가 있는 학생의 경우에 체벌을 하는 것이 중요하다고 봅니다. 체벌을 받으면 아이들은 자신의 잘못을 빨리 깨닫게 되고, 다음부터는 그런 잘못을 저지르지 않게 될 것입니다.

나 : 그런데 실제 조사 결과를 보면 학생들은 체벌을 받은 경우 오히려 자존심이 상하고 반발심이 생긴다고 말합니다.

가 : 선생님 말씀은 체벌이 교육적 효과가 없다는 말씀이시죠?

1)

가 : 학생들에게 체벌을 하지 않는 경우, 같은 잘못을 다시 하는 경우가 많다고 합니다. 또한 여러 번 말을 해도 잘못을 고치지 않는 학생들의 경우에는 다른 효과적인 교육방법을 찾기가 힘듭니다.

나 : 선생님 말씀을 정리하자면 __________ 는다는 것이지요?

2)

영수 : 현대 문명의 발달은 우리에게 편리한 삶을 누리게 해 주었습니다. 컴퓨터가 보급되면서 정보를 빠르게 받아들이고, 까다로운 작업들을 컴퓨터에게 맡길 수 있게 되었습니다.

진호 : 영수 씨 말씀은 __________ 다는 것이지요? 그러나 제가 생각하기에 문명의 발달로 인해 여러 가지 문제가 생기고 있습니다. 예를 들어 인터넷에 개인의 사생활이 공개되는 등 문제가 나타나기도 하고, 사이버 범죄가 발생하기도 합니다.

3)

영수 : 저는 인간은 자연과 함께 살아가야 한다고 봅니다. 인간이 자연을 지배해야 한다는 것은 이기적인 생각입니다. 또 장기적으로 볼 때 자연을 보존하는 것이 더 이익이 됩니다.

진호 : 정리하자면 ____________________ .

05 요약 · 정리하여 말하기

과 제

1. 다음의 주제에 대한 찬성과 반대의 논거를 찾아 써 보십시오.

주제 : 유전자 조작기술

- 인간의 생활을 편리하게 함.
- 자연의 질서를 파괴
- 난치병 치료 기술 개발이 가능함.
- 안정성이 확인되지 않음.
- 기술을 잘못 사용하면 큰 피해를 가져옴.
- 값싼 농산물 생산으로 식량 문제 해결

주제 : 유전자 조작 기술	
찬성	반대

2. 위의 주제로 요약 정리를 하면서 토론을 해 보십시오.

정리해 봅시다

친구들의 말하기를 듣고, 상대방의 이야기를 잘 이해하고 중요한 내용을 넣어서 요약을 했는지 이야기해 보십시오.

06 비교 · 대조하여 말하기

학습목표 : 비교하고 대조하여 유사점과 차이점에 대해 말할 수 있다.

MP3/06

준비해 봅시다

- 다음을 듣고 위 두 장소의 공통점과 차이점을 이야기해 보십시오.

말해 봅시다

도움말

- 둘 이상의 대상에 대한 비교와 대조를 통해 공통점과 차이점에 대해서 이야기하는 것

1. 공통점 말하기

표 현

표 현	• –과/와 마찬가지로 • –는다는 면이(점이) 같습니다/유사합니다. • –는다는 면에서(점에서) 공통점을 찾을 수 있습니다. • –는다는 공통점이 있습니다.
예 문	• 하숙집 역시 **기숙사와 마찬가지로** 경제적 능력이 높지 않은 학생들이 많이 이용합니다. • 라면과 라멘 모두 일반 사람들이 밥 대신 즐겨 먹는 **음식이라는 점이 같습니다.** • 홈쇼핑과 인터넷 쇼핑은 둘 다 편하게 집에서 물건을 살 수 **있다는 점에서 공통점을 찾을 수 있습니다.** • 스키와 스노보드는 눈 위에서 즐기는 **스포츠라는 공통점이 있습니다.**

연 습

표를 보고 (보기)와 같이 두 가지의 공통점에 대해 말해 보십시오.

보기

	월세	전세
공통점	• 자신의 집이 아니고 집 주인이 따로 있음. • 집을 살 수 없거나 살 필요가 없는 사람들이 이용 • 보증금이 있음.	

월세와 전세는 자신의 집이 아니고 집 주인이 따로 있다는 점이 같습니다. 또 집을 살 수 없는 사람들이 많이 이용한다는 면에서 공통점을 찾을 수 있습니다. 전세도 월세와 마찬가지로 보증금을 내야 합니다.

1)

	오페라	뮤지컬
공통점	• 등장인물들이 노래와 음악으로 이야기를 이어 나감. • 여러 가지 무대 장치를 사용함.	

2)

	외국어	외래어
공통점	• 고유어가 아닌, 외국에서 들여온 말	

3)

	지상파 TV	케이블 TV
공통점	• 현대인이 집에서 가장 편하게 접근할 수 있는 매체 • 시각 청각 신호를 통해 필요한 정보, 오락 등 다양한 프로그램을 제공	

2. 차이점 말하기

표 현

표 현	• –는 데 반해 • –과/와 달리 • –는다는 면이(점이) –과/와 다릅니다. • –는다는 면에서(점에서) 차이가 있습니다.
예 문	• 한국의 라면이 튀긴 국수를 **사용하는 데 반해** 일본의 라멘은 생면을 사용합니다. • 하숙집에서는 식사가 제공되지 않는 **기숙사와 달리** 아침과 저녁 보통 두 끼의 식사가 제공됩니다. • 스노보드는 발에 착용하는 도구가 **하나라는 면이 스키와 다릅니다.** • 홈쇼핑은 매체가 TV이고 인터넷 쇼핑은 **컴퓨터라는 점에서 차이가 있습니다.**

연 습

표를 보고 (보기)와 같이 두 가지의 차이점에 대해 말해 보십시오.

보기

	월세	전세
차이점	• 달마다 돈을 냄. • 보증금이 비싸지 않음. • 대학가 하숙집, 1인 가구, 한국에서 잠깐 일하는 외국인 등이 이용.	• 달마다 내는 돈이 없음. • 보증금이 매우 비쌈. • 집이 없는 한국의 일반 가족이 많이 이용.

월세와 전세의 가장 큰 차이점은 월세가 달마다 돈을 내는 데에 반해 전세는 달마다 내는 돈이 없다는 것입니다. 전세는 월세와 달리 보증금이 아주 비싸서 집값의 1/3 정도가 되기도 합니다. 또 월세는 대학가의 학생들이나 한국에서 잠깐 일하는 외국인 등이 이용하고 전세는 가족이 있는 한국 가정들이 많이 이용한다는 점에서 차이가 있습니다.

1)

	오페라	뮤지컬
차이점	• 클래식 음악 • 성악가가 출연 • ______________	• 대중적 음악 • 뮤지컬 배우, 배우, 가수가 출연 • ______________

2)

	외국어	외래어
차이점	• 국어로 바꿀 수 있음. • 국어사전에 나와 있지 않음. • 예 : 사이버 스페이스, 와이프	• 국어로 바꿀 수 없음. • 국어사전에 나와 있음. • 예 : 버스, 파티

3)

	지상파 TV	케이블 TV
차이점	• 지상에서 전파를 통해서 신호를 전달함. • 채널 수가 많지 않음. • 공공성이 강함.	• 전국을 케이블로 연결해서 신호를 전달함. • 채널 수가 많음. • 오락성이 강함.

06 비교 · 대조하여 말하기

과제

- 학교와 학원
- 체크카드와 신용카드
- 개와 늑대
- 기타 : ____________________

1. 위에서 하나를 골라 옆 친구와 한 팀이 되어 다음 표에 메모를 해 보십시오.

공통점		
차이점		

2. 두 대상을 비교 대조하여 공통점과 차이점에 대해 한 팀씩 발표해 봅시다. (보기)와 같이 시작해 보십시오.

보기

한국에서는 교육열이 높아서 여러 가지 교육 기관이 있는데 우리가 자주 볼 수 있는 것은 학교와 학원입니다. 지금부터 학교와 학원을 비교하고 대조하면서 공통점과 차이점이 무엇인지 알아보도록 하겠습니다.

정리해 봅시다

친구들의 발표를 통해 새롭게 알게 된 사실이 있거나 친구들의 발표 중 비교와 대조가 재미있게 이루어진 것이 있으면 이야기해 보십시오.

07 동의 및 반박하기

학습목표 : 토론하는 과정에서 다른 사람의 의견을 듣고 동의와 반박을 할 수 있다.

MP3/07

준비해 봅시다

• 다음 대화를 듣고 동의하는 의견과 반박하는 의견을 요약해 보십시오.

동 의	반 박

말해 봅시다

1. 동의하기

도움말

• 다른 사람의 주장에 대해 같은 의견이나 지지하는 의견을 말함.
• 다른 사람의 주장에 동의하는 이유나 근거를 분명히 밝혀야 함.

표 현

표 현	• 저도 그렇게 생각합니다. • 저도 그 의견에 대해서 같은 생각입니다. • 그래서 말씀인데 • –씨 의견에 (–는다는 의견에) 찬성합니다. /동의합니다.
예 문	• **저도 그렇게 생각합니다.** 눈에는 눈, 이에는 이라고 했습니다. 죄를 지은 사람은 그에 맞는 벌을 받아야 합니다. • 방금 영수 씨께서 조기교육은 시간과 비용의 낭비라고 하셨는데 **저도 그 의견에 대해서 같은 생각입니다.** • **그래서 말씀인데** 사형 제도가 있는 나라와 없는 나라의 범죄율을 비교해 보는 것도 좋을 것 같습니다. • 현재의 입시 제도에 문제가 **많다는 의견에** 전적으로 **찬성합니다.**

연 습

주어진 의견에 대해서 (보기)와 같이 말해 보십시오.

(보기)

오늘날 사회는 범죄의 증가로 점점 불안한 상태가 되고 있습니다. 게다가 범죄는 더욱 흉악하고 무서워지고 있습니다. 이러한 사회에서 일반 사람들이 안심하고 살 수 있기 위해서는 범죄자들에게 그에 맞는 벌을 주어야 한다고 생각합니다. 가벼운 범죄는 가벼운 벌을 주더라도 살인 같이 무거운 죄를 짓는 범죄자들은 그에 맞는 벌을 받아야 합니다. 따라서 사람을 죽인 범죄자들은 사형을 시키는 것이 맞는다고 생각합니다. 사형 제도가 있다는 사실만으로도 사람들은 죄를 짓기 전에 한 번 더 자신의 행동에 대해서 생각을 해 볼 것이고 사형이 무서워서 살인을 포기할지도 모릅니다.

동의하는 점

- 범죄자가 다시 사회에 나오는 것은 위험하다.
- 사형은 범죄 예방의 효과가 있다.

⇨ 저도 이 의견에 대해서 같은 생각입니다. 사람들이 안심하고 살 수 있기 위해서는 살인자 같이 무서운 범죄를 저지른 사람들은 사형을 시켜야 합니다. 언젠가 그들이 다시 사회에 나올 가능성이 있다는 걸 생각하면 정말 불안해집니다.

⇨ 앞에서 말씀하셨듯이 사형은 범죄를 예방하는 데 효과가 있는 제도라고 생각합니다. 따라서 사회질서를 유지하기 위해서 사형제도는 필요하다고 생각합니다.

07 동의 및 반박하기

1) 안락사

사람은 인간답게 사는 것도 중요하지만 인간답게 죽는 것도 중요하다고 생각합니다. 그러나 의식이 없는 사람이 생명을 유지하기 위해서 몇 달, 몇 년을 병원에서 기계에 의지해서 살아가고 있는 경우가 많습니다. 이것은 가족들은 물론 자기 자신에게도 괴로운 일입니다. 살아있다는 것도 의식하지 못하는데 이런 방법으로 더 살면 무슨 소용이 있겠습니까? 편안하게 죽는 것도 진정한 편안함을 위해서 인간이 선택할 수 있는 권리가 아닐까요?

동의하는 점

- 인간은 인간답게 죽어야 한다.
- 가족들의 희생이 너무 크다.
- 이해할 만한 기준이 있다면 안락사를 허용해야 한다.

⇨

2) 대학 교육의 필요성

요즘은 대학교를 나오지 않고서는 아무것도 할 수 없습니다. 취직도 안 되고 결혼할때도 대학교를 졸업하지 않으면 상대방을 찾기 어렵습니다. 그러나 대학교를 가야 하는 것은 사회적 이유보다는 개인적인 이유 때문이라고 말하고 싶습니다. 대학교를 다니면서 얻게 되는 지식뿐만 아니라 대학교에서 만나는 사람들을 통해서 인격을 더 크게 키울 수 있다고 생각합니다. 그것은 사회생활을 통해서는 얻을 수 없는 것입니다.

동의하는 점

- 사회생활에 성공하려면 대학교를 졸업해야 한다.
- 개인적인 발전을 위해서도 대학 교육은 필요하다.
- 돈을 버는 것보다 더 중요한 것을 대학교에서 배울 수 있다.

⇨

3) 동물실험

현대인들은 수많은 약과 화장품을 사용하면서 병도 치료하고 아름다움도 유지하고 있습니다. 그러나 이러한 제품을 개발하기 위해서 많은 동물들이 희생되고 있다는 사실을 아십니까? 인간에게 더욱 안전한 제품을 만들기 위해서 사용하기 전에 먼저 안전에 대해 실험을 해 볼 필요가 있다고는 생각합니다. 그러나 그 실험을 꼭 동물을 이용해서 해야 할까요? 저는 인간들이 너무 이기적이라고 생각합니다. 이기심 때문에 자신과 같은 생명체인 다른 동물들을 마음대로 죽이고 다치게 하는 실험은 더 이상 하지 말아야 합니다.

동의하는 점

- 동물실험은 인간의 이기심에서 나왔다.
- 실험으로 죽는 동물이 1년에 수백만 마리이다.
- 동물을 이용하지 않고 안전한 제품을 만들 수 있는 방법도 있다.

⇨

2. 반박하기

도움말

- 다른 사람의 주장에 대해 다른 의견이나 반대하는 의견을 말함.
- 다른 사람의 주장에 반박하는 이유나 근거를 분명히 밝혀야 하며 그에 대한 대안이나 보충 의견을 말하는 것이 좋음.

표 현

표 현	• 저는 –는다는 의견에 반대합니다. • 저는 –씨와 생각이 좀 다릅니다. / 다르게 생각합니다. • –씨 의견은 –는다는 점에서 문제가 있다고 생각합니다. • –씨 의견은 –는다는 점에서 동의할 수가 없습니다.
예 문	• **저는** 사형제도가 범죄율을 **줄인다는 의견에 반대합니다.** • **저는 영수 씨와 생각이 좀 다릅니다.** • **영수 씨 의견은** 너무 **주관적이라는 점에서 문제가 있다고 생각합니다.** • **영수 씨 의견은** 개인적인 일을 일반적인 일처럼 **생각하신다는 점에서 동의할 수가 없습니다.**

07 동의 및 반박하기

연습

1. 동의하기에서 연습했던 주제를 가지고 보기와 같이 말해 보십시오.

보기

반박하는 점
• 범죄자에게도 인권이 있다. • 살인자에게 똑같은 벌을 주는 것은 단순한 복수일 뿐이다.

⇨ 저는 이 의견에 대해서 생각이 다릅니다. 아무리 큰 죄를 지었다고 해도 한 사람의 생명에 대해 다른 사람이 결정할 수는 없다고 생각합니다. 범죄자에게도 인권이 있지 않습니까?

⇨ 살인자에게 그가 저지른 것과 똑같은 벌을 주는 것은 단순한 복수로서의 처벌이라는 점에서 문제가 있다고 생각합니다.

1) 안락사

반박하는 점
• 인간의 생명은 인간이 마음대로 결정할 수 없다. • 가족들의 희생이 크기 때문에 한 생명을 죽이는 것은 이기적이다. • 환자가 다시 깨어나는 경우도 있다.

⇨

2) 대학 교육의 필요성

반박하는 점
• 너무 비싼 학비는 부담이 된다. • 대학교를 졸업하지 않고도 사회적으로 성공한 사람이 많다. • 일찍 사회에 나가 경험을 쌓고 돈을 버는 것도 중요한 일이다.

⇨

3) 동물실험

반박하는 점
• 동물실험을 하지 않으면 정확한 실험 결과를 얻을 수 없다. • 의학의 발전을 위해 동물의 희생은 필요하다. • 제대로 교육을 받은 실험자에 의한 순수의학 목적의 실험은 허용해도 된다.

⇨

과 제

1. 다음 주장에 대해서 동의하는 점, 반박하는 점을 표에 간단히 정리해 보십시오.

〈대기업의 횡포〉

최근 대형 마트에서 싼 가격의 피자와 프라이드치킨을 팔기 시작했습니다. 동네에서 배달을 하는 피자나 프라이드치킨의 50%밖에 하지 않는 값으로 이러한 간식을 먹을 수 있게 된 것입니다. 그래서 동네에서 장사를 하는 작은 가게들은 장사가 안 돼서 문을 닫는 가게가 많아지고 있다고 합니다. 반면 대형 마트는 대부분 대기업에서 경영을 하고 있기 때문에 이렇게 싼 값에 팔아도 경제적으로 크게 문제가 되지 않는다고 합니다. 동네에서 가게를 경영하는 사람들은 그냥 보통 우리의 이웃들입니다. 아무리 싼 값으로 우리가 좋아하는 간식을 먹을 수 있게 되었다고 해도 이런 식으로 대기업이 동네 가게의 영업까지 방해하는 것은 대기업의 횡포라고 생각합니다.

동의하는 점	반박하는 점
• • •	• • •

2. 표에 정리한 내용으로 동의와 반박을 해 보십시오.

07 동의 및 반박하기

정리해 봅시다

다른 사람의 의견을 듣고 동의 및 반박하는 이유를 정리해서 말해 보십시오.

08 논거 및 예시 들어 말하기

학습목표 : 논거나 예시를 들어 자신의 주장을 뒷받침할 수 있다.

MP3/08

준비해 봅시다

• 다음을 듣고 논거를 쓰십시오.

주 장	저는 영어공용화에 반대합니다.
논 거	첫째, ______ 둘째, ______ 셋째, ______
결 론	그러므로 ______

• 들은 내용에서 예시를 들어 말한 부분을 찾으십시오.

말해 봅시다

도움말

• 토론을 할 때 자신의 주장을 뒷받침하기 위해 이야기되는 다양한 근거
• 논거를 제시함으로써 자신의 의견을 객관적이고 논리적으로 말할 수 있음.

표 현

표 현	• 그러므로 -는다고 생각합니다. • 따라서 • 왜냐하면 -기 때문입니다.
예 문	• 체벌은 아이들에게 교육적인 효과가 없습니다. **그러므로** 체벌을 해서는 **안 된다고 생각합니다.** • 인터넷에 글을 쓸 때 자신의 이름을 밝히면 책임감이 생깁니다. **따라서** 인터넷 실명제를 도입해야 합니다. • 저는 사형제도에 반대합니다. **왜냐하면** 사형제도는 범죄율을 낮추는 데 효과가 **없기 때문입니다.**

연 습

다음의 논거를 사용하여 (보기)와 같이 이야기하십시오.

보기

다음 논거가 미인대회를 찬성하는 입장과 반대하는 입장 중 어느 것에 속하는지 ✓표시해 보십시오. 그리고 이 논거를 이용하여 자신의 의견을 말해 보십시오.

〈미인대회〉

	찬성	반대
• 외모지상주의 강화	□	□
• 아름다움의 상업화	□	□
• 아름다움을 즐길 권리	□	□
• 여성에 대한 차별적 시각	□	□

⬇

미인대회는 외모지상주의를 강화하고, 여성에 대한 차별적인 생각을 갖게 만듭니다. 그리고 아름다움을 하나의 기준으로 결정하는 문제점이 있습니다. 따라서 저는 미인대회가 없어져야 한다고 생각합니다.

08 논거 및 예시 들어 말하기

1) 다음의 논거가 조기교육이 필요하다고 보는 입장과 필요하지 않다고 보는 입장 중 어느 것에 속하는지 ✓표시해 보십시오.

〈조기교육〉

	찬성	반대
• 재능의 계발	☐	☐
• 경제적 부담	☐	☐
• 심리적 부담과 스트레스	☐	☐
• 지적 호기심 발달	☐	☐
• 경쟁 심화	☐	☐
• 창의력 발달	☐	☐

• 저는 조기교육에 찬성합니다.

➡ 왜냐하면 ______________________________

____

____

따라서 ______________________________

• 저는 조기교육에 반대합니다.

➡ 왜냐하면 ______________________________

____

____

그러므로 ______________________________

2)

다음의 논거가 미용성형수술에 찬성하는 입장과 반대하는 입장 중 어느 것에 속하는지 ✓표시해 보십시오.

〈미용성형수술〉

	찬성	반대
• 경제적인 부담이 크다.	□	□
• 취직 등 사회활동에 유리하다.	□	□
• 여러 가지 부작용이 생길 수 있다.	□	□
• 외모에 대한 자신감을 가질 수 있다.	□	□
• 외모지상주의로 인해 다른 가치를 잊게 된다.	□	□
• 아름다운 외모를 갖고 싶은 것은 당연한 욕망이다.	□	□

• 저는 미용성형수술이 필요하다고 봅니다.

➡ 왜냐하면 ______________________________

____

____

따라서 ______________________________

• 저는 미용성형수술이 필요하지 않다고 생각합니다.

➡ 왜냐하면 ______________________________

____

____

그러므로 ______________________________

3)

다음의 논거가 동물실험에 찬성하는 입장과 반대하는 입장 중 어느 것에 속하는지 ✓ 표시해 보십시오.

〈동물실험〉

	찬성	반대
• 인간중심의 사고이다.	☐	☐
• 인간을 대상으로 실험할 수는 없다.	☐	☐
• 동물실험의 결과가 인간에게 적용될 수 없다 .	☐	☐
• 모든 생명은 존중되어야 한다.	☐	☐
• 인간의 질병을 치료하기 위해 필요하다.	☐	☐
• 현재의 기술로는 동물실험을 대신할 방법이 없다.	☐	☐

• 저는 동물실험에 찬성합니다.

➡ 왜냐하면 ______________________

____

____

따라서 ______________________

• 저는 동물실험에 반대합니다.

➡ 왜냐하면 ______________________

____

____

그러므로 ______________________

2. 예시 들어 말하기

도움말

- 주장을 뒷받침하는 구체적인 예
- 예시를 들어 말하면 자신의 생각을 구체적으로 전달할 수 있음.

표 현

표 현	• 예컨대 • 예를 들면 • ____________ 등이 그 예입니다.
예 문	• 인터넷의 발달은 편리한 점도 있지만 문제점도 많습니다. **예컨대** 게임중독이나 사이버 범죄 등이 그런 문제라고 할 수 있습니다. • 우리 사회에는 아직도 많은 차별이 존재합니다. **예를 들면** 취직을 할 때 나이를 제한하거나 남성을 우대하는 것 등입니다. • 과학 기술의 발달은 인간의 생활을 편리하게 만들었습니다. 로봇 청소기, 첨단 의료기계 **등이 그 예입니다.**

연 습

(보기)와 같이 적당한 예를 들어서 말해 보십시오.

보기

우리 사회에는 여러 가지 차별이 존재합니다. 예컨대 ________________________________ .
이러한 차별 때문에 약자와 소수자는 불평등한 상황에 놓이게 됩니다.

↓

예컨대, 남녀의 성적 차이가 남녀 차별로, 민족의 차이가 민족 차별로 나타납니다. 또 나이 차이가 연령에 따른 정치적, 경제적 차별로, 신체적 능력의 차이가 장애인과 비장애인에 대한 차별로 나타납니다.

08 논거 및 예시 들어 말하기

1)

소비사회에서 광고는 소비자에게 상품에 대한 정보를 주는 역할을 합니다. 그러나 광고는 여러 가지 문제점도 가지고 있습니다. 예를 들면 ____________________. 따라서 소비자는 광고를 무조건 믿지 말고 비판적으로 받아들여야 합니다.

- 예를 들면 광고의 내용 때문에 필요 없는 물건을 사게 됩니다.
- ____________________
- ____________________

2)

기업의 사회적 책임은 어디까지일까요? 기업의 목적은 경제적 활동을 통해서 이윤을 추구하는 것입니다. 요즘 기업은 사회의 여러 가지 문제에 관심을 갖고 그 문제의 해결에 참여하고 있습니다. 예컨대 ____________________. 이렇게 기업 활동을 통해서 얻은 이익을 사회에 되돌려줌으로써 사회의 발전에 기여합니다.

- 예컨대 경제적 형편이 어려운 학생을 위한 장학재단을 만들기도 합니다.
- ____________________
- ____________________

3)

정보화 사회에서 교육은 다양한 형태로 바뀔 수 있습니다. 교실에서 교사와 학생이 얼굴을 보면서 수업을 진행하는 것이 아니라, 정보 기기를 활용해서 다양한 교육이 이루어질 수 있습니다. ____________________ 등이 그 예입니다. 질문하고 싶은 내용이 있으면 이메일을 통해서 지도 받을 수 있다고 생각합니다. 그렇게 되면 교사의 역할은 수업의 안내자와 상담자의 역할을 하는 쪽으로 바뀔 수 있다고 생각합니다.

- 사이버 강의실을 통해서 수업을 진행하는 것이 그 예입니다.
- ____________________
- ____________________

과 제

개인의 자유와 사회의 규율 중 어느 것이 중요한가 하는 문제에는 서로 다른 의견이 있습니다. 예컨대 고등학생이 머리를 빨간색으로 염색하고 학교에 옵니다. 선생님은 교칙에 어긋나니까 당장 머리색을 바꾸라고 합니다. 그러나 이 학생은 머리를 물들이는 것은 자신의 개성을 표현하는 방법이라고 말합니다.

이 경우에서 보듯, 어떤 사람들은 사회는 개인을 위해서 존재하는 것이므로 개인의 자유를 억압할 수 없다고 주장합니다. 그들은 자신의 행복을 추구하는 것이 개인의 권리라도 합니다. 반대로 사회의 규율이 중요하다고 생각하는 사람들은 개인의 행복이 희생되더라도 사회의 질서를 지키는 것이 중요하다고 봅니다. 왜냐하면 사회의 질서가 없으면 그 속에서 사는 개인들도 행복할 수 없기 때문입니다. 예를 들어 고등학교에서 머리의 모양이나, 화장 등을 금지하고 모든 학생들이 교복을 입도록 합니다. 그것은 학생들의 개성보다는 학교 전체의 질서가 중요하다고 보는 것입니다. 이러한 규율을 받아들임으로써 학생들은 사회의 질서와 규율을 배우게 된다는 것입니다. 그러나 어떤 학생들은 이러한 규율이 개인의 자유를 침해하고, 자유로운 생활을 하지 못하게 한다고 말합니다. 옷을 자유롭게 입고 머리모양이나 색을 마음대로 선택할 수 있으면 더 개성적이고 창조적 사고를 할 수 있다는 것입니다.

1. 위의 글을 읽고 다음의 표를 완성하십시오.

개인의 자유와 사회의 규제	
개인의 자유가 더 중요하다	사회의 질서가 더 중요하다
논거	논거
· · ·	· · ·
예시	예시
· · ·	· · ·

2. 이 경우 개인의 자유와 사회적 규율 중 어느 것이 우선한다고 생각합니까? 각각 선생님과 학생의 입장이 되어서 이야기해 보십시오.

선생님 : ______________________________

예컨대 ______________________________

왜냐하면 ______________________________

그러므로 ______________________________

학　생 : ______________________________

예를 들면 ______________________________

왜냐하면 ______________________________

예컨대 ______________________________

정리해 봅시다

다른 사람의 의견을 듣고 자신의 생각과 비교해 보십시오.

09 발표하기

학습목표 : 주제를 정해 조사한 내용을 발표할 수 있다.

준비해 봅시다

1. 발표란?

다수의 청중을 대상으로 하는 공적인 말하기 활동으로 보고, 설명, 설득 등 자신이 전달하고자 하는 것을 말로 표현하는 것이다.

2. 발표 전 준비

- 필요한 자료는 단행본, 논문, 잡지, 신문 등에서 찾거나 인터넷을 이용하여 찾는다.
- 모은 자료를 읽은 후 발표할 내용에 맞게 정리한다.
- 주제의 쟁점, 주장할 바, 주장에 대한 논거를 찾고 그에 대한 반대 주장도 생각해 놓는다.
- 발표 내용에 대한 요약지를 준비한다.
- 파워포인트나 시각 자료를 이용할 경우 발표 내용에 맞게 정리하여 준비한다.

3. 발표 시 주의할 점

- 발표의 주제와 논거 등의 중요 사항을 잘 이해하고 있어야 한다.
- 발표 원고 없이 발표할 정도가 되도록 내용을 충분히 이해하고 있어야 한다.
- 원고를 읽지 말고 청중의 반응을 보면서 대화하듯이 발표를 한다.
- 비격식체보다는 격식체를 사용하여 말한다.
- 목소리는 너무 작지 않게 하며 속도가 너무 빠르지 않도록 조절하며 말한다.
- 청중의 호응을 위해서 시각자료(파워포인트, 그래프, 그림 등)를 사용하는 것도 좋다.

4. 발표의 구성

시작	자기소개와 주제에 대한 소개를 한다.
주제 발표	발표하려고 하는 내용을 청중이 이해하기 쉽도록 적당한 말하기 전략을 이용하여 말한다.
마무리	발표의 주제를 청중에게 다시 한 번 확인시키고 끝을 맺는 인사말을 한다.

말해 봅시다

한국의 공교육을 살리기 위한 방안과 대책

2010년 7월 21일
발표자 : 김호현(교육학과 08학번)

1. 공교육의 현재 상황
   ❶ 공교육을 떠나는 학생들
   ❷ 공교육의 필요성 제기

2. 공교육 붕괴의 원인과 진단
   ❶ 대학의 서열화, 학벌 사회
   ❷ 교육 정책의 문제점
   ❸ 2008년 이후 대학 입시정책, 논술 시장 확대
   ❹ 교수 학습 방법의 연구 부족

3. 공교육 정상화를 위한 방안
   ❶ 국공립대 네트워크 형성을 통한 대학 서열화 해소
   ❷ 독립적 교육기구 신설로 교육정책의 일관성 유지
   ❸ 교사의 연구 모임 활성화
   ❹ 예산 확보

09 발표하기

1. 시작하기

자기소개와 주제에 대한 소개를 한다.

표 현

표 현	• 저는 –라고 합니다. • 지금부터 –라는 주제로 발표를 하겠습니다. • 저는 –라는 주제로 발표를 할 –입니다. • 질문이 있으시면 발표가 끝난 후 해 주시기 바랍니다.
예 문	• **저는** 교육학과 3학년 **김호현이라고 합니다.** • **지금부터** 한국의 공교육을 살리기 위한 방안과 **대책이라는 주제로 발표를 하겠습니다.** • **저는** 한국의 공교육을 살리기 위한 방안과 **대책이라는 주제로 발표를 할** 교육학과 3학년 **김호현입니다.**

2. 주제 발표하기

발표하려고 하는 내용을 청중이 이해하기 쉽도록 적당한 말하기 방법을 사용하여 말한다.

말하기 방법
설명하기 / 자료 설명하기 / 부연 설명하기 / 비교 · 대조하기 / 논거 · 예시 들어 말하기 / 요약 · 정리하기

• 앞의 발표 요약지의 다음 내용은 어떤 말하기 방법을 사용하여 발표하는 것이 좋은지 생각해 보십시오.

ㄱ. 공교육의 현재 상황

ㄴ. 공교육 붕괴의 원인과 진단

ㄷ. 공교육 정상화를 위한 해결 방안

3. 마무리하기

발표의 주제를 청중에게 다시 한 번 확인시키고 끝을 맺는 인사말을 한다.

표 현

표 현	• 이상으로 –에 대한 발표를 마치겠습니다. • 지금까지 –에 대해서 말씀드렸습니다. • 끝까지 들어 주셔서 감사합니다. • 질문이 있으신 분은 자유롭게 해 주시기 바랍니다.
예 문	• **이상으로** 한국의 공교육을 살리기 위한 방안과 **대책에 대한 발표를 마치겠습니다.** • **지금까지** 한국의 공교육을 살리기 위한 방안과 **대책에 대해서 말씀드렸습니다.**

과 제

1. 주제 정하기

다음의 주제 중 하나를 선택하거나 자기가 관심 있는 주제를 하나 정해서 발표를 준비해 보십시오.

- 한국의 대중음악
- 디지털 신인류
- 한국의 외국인 노동자 문제
- 기타 : ______________________

2. 발표요약지 만들기

제목 :

날짜 :
발표자 :

3. 발표하기

정리해 봅시다

친구의 발표를 듣고 평가해 보십시오.

구 분	평가 항목	✓
준 비	주제에 맞는 시각 자료를 준비했는가?	
	발표 요약지를 준비했는가?	
	발표 전체 과정을 성실하게 준비했는가?	
내 용	발표의 내용이 논리적이고 합리적인가?	
	발표의 구성이 짜임새 있고 조화로운가?	
	발표의 내용이 참신하고 창의적인가?	
전달력	주제를 잘 이해하고 청중과 대화식으로 발표했는가?	
	격식체를 사용했는가?	
	음성의 사용(발음, 억양, 목소리 크기, 속도)은 적절했는가?	
호 응	청중과의 질의응답은 잘 진행되었는가?	
	주제에 대한 청중의 관심을 이끌었는가?	
	청중이 발표를 집중해서 잘 들었는가?	

10 토론하기

학습목표 : 정해진 주제에 대해 찬성과 반대의 입장에서 토론 할 수 있다.

준비해 봅시다

1. 토론이란?

토론이란 찬성과 반대, 긍정과 부정의 입장을 가진 사람들이 자신의 주장을 가지고 상대방을 설득하여 자신의 주장이 옳음을 밝히는 논의방식이다.

2. 토론의 효과

서로 다른 의견을 주고받으며 다양한 각도에서 문제에 접근하고 분석, 평가할 수 있다. 토론을 통해서 자신의 의견을 합리적으로 말하고, 타인과의 의사소통을 통해서 의식이 확장될 수 있다.

3. 토론의 방법

- 공식적인 말투를 사용한다.
- 상대방의 의견을 잘 듣는다.
- 주장을 논리적으로 분명하게 전달한다.

4. 토론자의 태도

- 자신의 의견을 논리적으로 예의바르게 표현한다.
- 감정적인 표현이나 인신공격을 하지 않는다.
- 다른 참여자들도 말할 수 있도록 혼자서 오랫동안 말하지 않는다.
- 다른 사람이 말할 때 웃거나 잡담을 하지 않는다.
- 다른 사람의 말을 중간에서 끊지 않는다.

5. 사회자의 역할

- 시작할 때 토론 주제에 대한 문제를 제기한다.
- 양쪽 팀에서 제시된 의견을 요약한다.
- 토론의 흐름에 관계없는 의견에 대해 방향 조정을 한다.
- 양쪽 팀의 의견이 없을 때 새로운 문제를 제기한다.
- 토론을 마무리할 때 양쪽 팀의 의견을 정리한다.
- 마지막에 토론을 마무리한다.
- 토론에서 사용하는 중요한 개념의 범위를 정한다.

토론해 봅시다

1. 토론자

1) 토론을 시작할 때

표 현	• ________고자 합니다. • ________을/를 말씀 드리겠습니다. • 저는 ________ 에 대한 생각을 말씀 드리고자 합니다. (말씀 드리도록 하겠습니다)
예 문	• 저는 CCTV를 설치해야 하는 이유에 대해서 **말씀드리고자 합니다.** • CCTV설치와 범죄에 대한 연구 **결과를 말씀 드리겠습니다.** • **저는** CCTV 설치의 **문제점에 대한 생각을 말씀 드리도록 하겠습니다.**

2) 의견을 물어볼 때

표 현	• –는다는 의견에 대해서 찬성/반대 팀에서는 어떻게 생각하십니까? • 만약 ________ 경우가 있다면 어떻게 하시겠습니까? • –이란/란 무엇입니까? (무엇일까요?/뭐라고 생각하십니까?) • –는다는 겁니까?
예 문	• CCTV 설치가 범죄를 예방할 수 **있다는 의견에 대해서 반대 팀에서는 어떻게 생각하십니까?** • **만약** CCTV 설치 때문에 사생활의 침해가 일어나는 **경우가 있다면 어떻게 하시겠습니까?** • 여러 가지 문제가 있어도 CCTV를 **설치해야 한다는 겁니까?**

3) 의견을 주장할 때

표 현	• 지금(조금 전에) 찬성/반대 팀에서(_씨께서) –는다고 말씀하셨는데 여기(이 의견)에 대해서 저는 좀 다르게 생각합니다. • 이런 경우를 한 번 생각해 봅시다.(예를 들어 보겠습니다.) • –는다고 볼 수(생각할 수) 있지 않습니까? • –는 것은 옳지 않다고(문제가 있다고/ 맞지 않다고/ 적절하지 않다고) 봅니다. • –는다는 건 문제가 있지 않습니까?
예 문	• **조금 전에 찬성 팀에서** CCTV설치가 범죄를 예방하는 효과가 **있다고 말씀하셨는데, 이 의견에 대해서 저는 다르게 생각합니다.** • 공공의 이익을 위해서 사생활 침해를 **허용하는 것은 옳지 않다고 봅니다.** • CCTV를 설치해서 보통 사람들을 범죄자처럼 **감시한다는 건 문제가 있지 않습니까?**

2. 사회자

1) 토론을 시작할 때

표 현	• –고자 합니다. • –에 대한 토론을 시작하기로 하겠습니다. • –에 대해서 토론을 시작하겠습니다. • –라는 주제로 토론을 해보겠습니다. • 찬성/반대 팀부터 말씀해 주시기 바랍니다.
예 문	• CCTV 설치 **문제에 대한 토론을 시작하기로 하겠습니다.** • 지금부터 **'CCTV를 꼭 설치해야 하는가'라는 주제로 토론을 시작하겠습니다.** • 먼저 CCTV 설치에 **찬성하시는 팀부터 말씀해 주시기 바랍니다.**

2) 토론자의 의견을 물어볼 때

표 현	• –는다는 의견에 대해서 찬성/반대 팀에서는 어떻게 생각하십니까? • 조금 전에 찬성/반대 팀에서 –는다고 하셨는데, 여기(이 의견)에 대해서 어떻게 생각하십니까? 다른 의견이 있으면 말씀해 주시기 바랍니다. • 만약 –는 경우라면 어떻게 하시겠습니까?
예 문	• CCTV 설치가 개인의 사생활을 침해할 수 **있다는 의견에 대해서 찬성 팀에서는 어떻게 생각하십니까?** • 조금 전에 찬성 팀에서 CCTV를 설치하면 범죄를 **줄일 수 있다고 하셨는데, 이에 대해서 반대팀에서는 어떻게 생각하십니까?** • 만약 CCTV를 설치해도 범죄가 계속 **증가하는 경우라면 어떻게 하시겠습니까?**

3) 제안할 때

표 현	• –는 것이 어떨까 (생각)합니다. • –기로 할까요? • –기로 하면 어떻겠습니까?
예 문	• 먼저, 찬성 팀의 의견을 좀 더 **들어보는 것이 어떨까 생각합니다.** • 그럼, CCTV 설치에 반대하는 분의 의견을 **들어보기로 할까요?** • CCTV 설치의 효과에 대한 연구 결과를 **들어보기로 하면 어떻습니까?**

4) 요약 정리할 때

표 현	• 지금까지의 이야기를 요약하면(요약해 보면) –는다는 말씀이지요? • 조금 전에 하신 이야기(지금까지 얘기)를 요약하면 –는다는 말씀이지요? • –는다는 말씀이지요?는다 그런 말씀이지요? (그런 말씀인가요?) • 양쪽 팀의 의견을 정리하면 • 끝으로 양쪽 팀에서 보충하실 말씀이 있으시면 해주시기 바랍니다.
예 문	• **지금까지의 이야기를 요약하면** CCTV설치는 개인의 사생활을 침해하고, 모든 사람들 예비적 범죄자로 **만든다는 말씀이지요?** • **조금 전에 하신 이야기를 요약하면** CCTV 설치가 공공의 삶을 안전하게 **한다는 말씀이지요?** • **양 팀의 의견을 정리하면** CCTV설치가 공공의 이익을 위해서 필요하다는 의견과 개인의 사생활을 보호하기 위해서 설치하면 안 된다는 두 가지 의견으로 나누어지는 것 같습니다.

10 토론하기

과 제

1. 주제 정하기

친구들과 이야기하여 토론의 주제를 정해 보십시오.

• 사형제도	• TV의 영향	• 조기 외국어 교육
• 체벌	• 미용성형수술	• 안락사

주제 : ____________________

2. 사회자를 선정하고 찬성/ 반대 팀으로 나누어 보십시오.

찬 성	반 대

3. 각각의 논거를 정리해 보십시오.

자신의 주장을 뒷받침할 참고 자료나 여러 정보를 수집하여 논거를 정리해 보십시오.

주제 :		
주 장	찬 성	반 대
논 거	1. 2. 3. 4.	1. 2. 3. 4.

4. 여러분이 선택한 주제로 찬성/반대의 입장에서 토론을 해 보십시오.

정리해 봅시다

토론을 한 후에 상대팀의 토론에 대해 평가해 보십시오.

구 분	평가 항목	✓
준 비	자료 준비가 잘 되었는가?	
	사전에 주제를 잘 이해하고 논거를 준비했는가?	
전달력	토론의 내용이 상대팀에게 잘 전달되었는가?	
	발음과 속도가 자연스러웠는가?	
내 용	상대팀의 반론을 잘 이해하고 대응했는가?	
	자신의 주장을 논리적으로 표현했는가?	
	논의가 목표한 방향으로 잘 진행되었나?	
태 도	한 사람이 주제를 독점하지 않았나?	
	상대 토론자에 대한 예의를 잘 지켰는가?	

부록

:: 듣기 지문

:: 모범 답안

:: 듣기 지문

02 정의와 분류하기

[준비해 봅시다] 01

저는 오늘 와인의 종류와 역사에 대해 발표하려고 합니다. 아시다시피 서양식 만찬에 거의 빠짐없이 나오는 음료는 와인입니다. 와인이 포도주라는 것은 다들 잘 아시겠지만 정확히 말하면 와인이란 넓은 의미로는 각종 과일이나 쌀 같은 곡식을 발효해서 만드는 알콜이 들어 있는 음료를 의미합니다. 그러나 일반적인 의미로는 포도를 발효시키고 숙성시켜 만든 양조주를 말합니다. 와인은 색깔과 맛에 따라 몇 가지로 분류되는데, 우선 색깔에 따라서는 화이트 와인과 레드 와인, 핑크 와인, 옐로우 와인 등으로 분류되며, 단 맛의 정도에 따라서는 드라이 와인과 스위트 와인으로 분류되기도 합니다.

03 설명 요청하기 및 의견 묻기

[준비해 봅시다] 02

정보기술의 발전 속도는 정말 따라가기 힘들 정도지요. 영화에서 보던 것들이 점점 현실에 가까워지고 있습니다. 1994년 영화 '폭로'에 나왔던 사이버 도서관이 나타날 날도 그렇게 멀지 않은 것 같습니다. 이미 스마트폰으로 과거에 생각할 수 없던 것들이 가능해지고 있어요. 요술방망이라고 해야 할까, 만능 비서라고 해야 할까. 작은 휴대폰 하나로 위치추적, 길찾기 등은 물론 증강현실까지 누릴 수 있게 됐습니다. 증강현실은 가상현실과 비슷한 건데 휴대폰 카메라를 물건, 사람, 사진, 가게 등에 갖다 대면 3차원 영상으로 그 대상에 대한 친절한 설명을 볼 수 있는 프로그램입니다. 하늘에다가 대고 사진을 찍으면 그날 날씨까지 나오지요.

04 자료 설명과 부연 설명하기

[준비해 봅시다] 03

한복의 역사는 고구려, 백제, 신라의 삼국시대로부터 시작되었습니다. 한복은 시대에 따라 저고리 길이, 소매 넓이, 치마폭이 약간씩 달라졌을 뿐, 겉모양에 큰 변화 없이 지금까지 내려오고 있습니다.

이 그림에서 보듯이 저고리는 직선과 곡선이 어울려 단정하고 부드러운 느낌을 줍니다. 또한 치마의 옆선과 밑단도 곡선으로 되어 있어 저고리의 곡선과 어울려 우아한 멋을 보여주고 있습니다.

뿐만 아니라 한복의 저고리와 치마 아랫부분의 곡선은 한옥의 지붕에서 볼 수 있는 곡선과 그 모양이 같습니다. 그런 점에서 한복은 단순히 몸을 가리는 옷이 아니라 한국인의 생활공간인 한옥의 아름다움과 어울리도록 만들어진 예술작품이라고 해도 될 것 같습니다.

05 요약 · 정리하여 말하기

[준비해 봅시다] 04

남자 : 최근 들어 전 세계는 세계화로 인해 하나의 지구촌으로 되어가고 있습니다. 세계가 점점 가까워지면서 우리나라에도 외국 문화가 많이 들어오게 되었습니다. 그러나 외국 문화의 수입으로 인해 우리의 전통적인 문화가 사라지게 될 수 있습니다. 이렇게 되면 우리의 전통적인 문화와 가치관이 사라져 우리만의 정체성을 잃어버리게 될 것입니다.

여자 : 결론적으로 외국 문화를 무조건 받아들이는 것이 아니라 우리의 상황에 맞게 비판적으로 받아들여야 한다는 말씀이시죠?

06 비교 · 대조하여 말하기

[준비해 봅시다] 05

홍대 앞과 신촌은 외국인에게도 잘 알려진 서울의 명소입니다. 두 곳은 비슷하면서도 다른 점들이 있습니다. 이 두 곳을 비교하면서 공통점과 차이점이 무엇인지 한번 알아보도록 하겠습니다.

우선 두 곳은 모두 대학가라는 공통점이 있습니다. 그렇기 때문에 두 장소 모두 젊은이들이 많이 찾습니다. 신촌에는 젊은 사람들이 좋아할 만한 식당, 카페, 가게들이 많습니다. 홍대 앞도 신촌과 마찬가지로 식당과 카페가 많습니다.

그렇지만 신촌에는 학생들이 편리하게 이용할 수 있는 값싼 식당과 유명 커피 전문점들이 많은 반면 홍대 앞에는 인테리어가 특이하고 분위기가 색다른 식당과 카페가 많습니다. 음식 값도 신촌에 비해 좀 비쌉니다. 또, 홍대 앞은 클럽이 많다는 면이 신촌과 다릅니다. 전체적으로 신촌의 거리가 크고 번화하다면 홍대 거리의 분위기는 아기자기하고 예술적인 것 같습니다.

두 장소는 비슷한 점도 있지만 각기 다른 매력을 가지고 있는 것 같습니다. 서울은 대학가마다 특성이 있기 때문에 다양한 대학가의 분위기를 느낄 수 있어서 좋습니다.

07 동의 및 반박하기

[준비해 봅시다] 06

남자1 : 저도 방금 말씀하신 분의 의견에 찬성합니다. 초등학생들이 휴대전화를 가지고 다닐 필요는 없다고 생각합니다.

여자1 : 저는 그 의견에 대해서 생각이 좀 다릅니다. 요즘 같이 범죄가 많은 세상에서 휴대전화는 아이들을 안전하게 지켜줄 수 있을 것입니다.

남자2 : 그렇습니다. 휴대전화가 아이들을 지켜줄 수 있다는 점에서 초등학생들의 휴대전화 소지에 찬성합니다.

여자2 : 앞의 두 분의 의견도 일리가 있습니다만 요즘 휴대전화 값이 너무 비쌉니다. 이렇게 비싼 물건을 어린 아이들이 잃어버리지 않고 잘 가지고 다닐지 걱정입니다. 그리고 휴대전화로 게임을 하거나 친구들과 문자로 얘기하면서 많은 시간을 보내는 아이들도 많습니다.

남자1 : 저도 그렇게 생각합니다. 그래서 말씀인데 아이들을 보호하는 방법으로 꼭 휴대전화를 이용하는 방법만 있는 것은 아닙니다. 다른 방법을 생각해 보는 것이 더 좋을 것 같습니다.

08 논거 및 예시 들어 말하기

[준비해 봅시다] 07

저는 영어공용화에 반대합니다.

첫째, 영어공용화를 실시하면 자기 나라의 고유한 언어가 사라질 것이기 때문입니다. 우리나라 대학에서 많이 사용하는 MT라는 말이 고유어로는 '모꼬지'라는 것을 아는 사람은 많지 않습니다. 영어를 많이 사용하여 전통적인 언어를 잊어버리게 된 것입니다. 그리고 언어가 사라지게 되면 전통과 문화도 함께 사라지게 됩니다. 오랜 역사를 가진 전통이 사라지는 것은 정말 슬픈 일입니다. 마지막으로 영어만 사용하게 되면, 국가와 민족의 경계도 사라지게 되어 각 나라의 정체성도 없어지게 됩니다. 그렇게 되면 사람들은 자기가 어느 나라 사람인지 알지 못하게 될 겁니다. 이런 이유로 저는 영어공용화에 반대합니다.

모범 답안

01 말하기의 기초

1) ① ㄱ ② ㄹ ③ ㅁ ④ ㄴ ⑤ ㄷ
2) ① ㄷ ② ㄴ ③ ㄱ ④ ㄹ
3) ① ㄷ ② ㄴ ③ ㄱ

02 정의와 분류하기

[준비해 봅시다]

• 정의

넓은 의미 : 각종 과일이나 쌀 같은 곡식을 발효해서 만드는 알콜이 들어있는 음료

일반적 의미 : 포도를 발효시키고 숙성시켜 만든 양조주

• 분류

색깔에 따른 분류 : 화이트 와인, 레드 와인, 핑크 와인, 옐로우 와인

단 맛에 따른 분류 : 드라이 와인, 스위트 와인

04 자료 설명과 부연 설명하기

[준비해 봅시다]

• 그림에서 보듯이, 보여주고 있습니다, 뿐만 아니라

05 요약 · 정리하여 말하기

[준비해 봅시다]

1. 외국문화의 수입되면 전통문화와 가치관이 사라지고 우리의 정체성도 잃게 된다.
2. (3)

06 비교 · 대조하여 말하기

[준비해 봅시다]

• 공통점 : 대학가이기 때문에 젊은이들이 많다. 젊은 사람들이 좋아할만한 식당, 카페, 가게가 많다.

차이점 : 신촌에는 편리하게 이용할 수 있는 값 싼 식당과 유명 커피 전문점이 많은 반면 홍대 앞에는 인테리어가 특이하고 분위기가 색다른 식당과 카페가 많고 음식 값이 좀 비싸다. 신촌의 거리는 크고 번화하다면 홍대 앞 거리는 아기자기하고 예술적이다.

07 동의 및 반박하기

[준비해 봅시다]

동의	반박
범죄가 많은 세상에서 아이들을 지켜 줄 수 있다.	아이들에게는 너무 비싼 물건이고 게임이나 문자하기 등에 시간을 낭비할 수 있다.

08 논거 및 예시 들어 말하기

[준비해 봅시다]

주장	저는 영어공용화에 반대합니다.
논거	첫째, 고유한 언어가 사라집니다 둘째, 전통과 문화가 사라집니다 셋째, 각 나라의 정체성이 사라집니다.
결론	그러므로 영어공용화에 반대합니다

• 첫 번째 부분 : '모꼬지'라는 고유어가 사라진다